역사에서 걸어 나온 사람들 4

폼나게 글 쓰는 법

설흔 지음

– 소년 만주, 박지원에게 글쓰기를 묻다

메멘토

이 글을 읽는 분들에게

폼나게 글을 써 보고 싶다는 소망을 한 번쯤 품지 않은 사람은 없을 것이다. 작가건 아니건 간에, 글을 좀 써 보았건 전혀 써 보지 않았건 간에. 이 글의 주인공인 소년 유만주兪晚柱도 그런 사람이다. 유만주가 작가였는지 아니었는지, 늘 글을 썼는지 그러지 않았는지는 중요하지 않다. 그저 유만주가 폼나게 글을 써 보고 싶어 했다는 것, 더욱이 다른 이들보다 간절히 바랐다는 사실 하나만 기억하면 되겠다.

아마도 유만주는 대다수 사람에게 절대 무명인 존재이리라. 나는 그를 여러 가지 이유에서 조선의 페르난두 페소아Fernando Pessoa로 여기지만, 두 사람의 생몰 연대를 고려하면 페소아를 포르투갈의 유만주라 부르는 것이 더 합당하겠다.

이 책은 절대 무명 소년 유만주가 폼나게 글을 써 보고 싶어서 벌인 온갖 일을 담고 있다. 어떤 일은 우습고, 어떤 일은 가상하고, 어떤 일은 처절하고, 어떤 일은 슬프다. 폼나게 글을 쓰려고 이렇게까지 해야 하나 싶을지도 모른다. 그렇다면 제대로 읽었다고 말하고 싶다. 더 자세히 설명하라고 요구한다면 이렇게 말하겠다. 폼나는 글이란 어쩌면 폼나는 삶의 비유일지도 모른다고. 그러니 쉽지 않은 게 당연하고, 쉽지 않아도 포기할 수 없는 건 더더욱 당연하다. 이쯤 이야기했으면 다른 책에서 못 본 독창적인 글쓰기 비법이 혹시라도 들어 있을까 하는 생각에 이 책을 살펴본 분들은 서둘러 책을 내려놓는 게 순서겠다. 하지만 폼나게 살고 싶다는 소망이 조금이라도 있는 분들은 계속 읽어 나가도 좋다.

김하라 선생께 감사드리고 싶다. 선생이 아니었다면 유만주를 알지도 못했을 테고 그를 다룬 글을 쓸 마음은 아예 품지도 않았을 것이다. 인디고서원에도 고마움을 전한다. 인디고서원의 강연 요청이 없었다면 늘 마음에만 품고 있던 이 난감한 주제로 글을 쓸 생각은 절대 하지 않았을 것이다.

차례

1부

볼 빨간 소년의 설레는 발걸음

내가 깨달은 인생의 진리 하나. 볼 빨간 사춘기의 나날을 보내는 소녀나 소년이라면 누구나 어느 날 문득 폼나게, 더 폼나게, 더 더 더 폼나게 글을 쓰고 싶다는 기이한 욕망에 빠져든다는 것. 만주도 그렇다. 그래서인지 작가 중의 작가, 박지원朴趾源을 만나러 가는 우리의 주인공 소년 만주의 발걸음은 오늘따라 유난히 가볍다. 입에서는 "폼! 폼! 폼!" 즐거운 노래가 저절로 흘러나오고. "폼! 폼! 폼!" 하는 노랫소리는 느릿한 뱃노래보다 2억 700배는 더 흥겹기에 만주의 발걸음이 더 더 더 빨라져서 약속 시간보다 훨씬 이르게 목적지에 도착하는 가외의 성과를 얻었다.

대문 앞에 선 만주가 두 손을 모은 뒤 요가 호흡으로 숨을 골랐다. 지금 만주는 매란국죽, 사군자의 향을 섞어 완성한 선비용 손거울을 꺼내 얼굴을 점검하고 머리를 다듬고 옷매무새를 정리하는 중이다. 시간이 꽤 걸릴 것으로 보인다. 성질머리 급한 몇몇 독자들이 지금쯤 제기할 불만을 처리하기에 좋은 시간이다.

먼저 '폼나게'라는 단어를 쓰는 문제. 박지원의 이름이 보이니 배경은 조선 시대가 뻔한데, 굳이 '폼나게'라는 영어와 국어가 짬뽕으로 섞인 표현을 꼭 써야 하나? 일리 있는 지적이다. 내가 쓰는 정품 한글2018도 '폼나게' 밑에 빨간 줄을 시베리아 은여우가 눈밭에 흘린 코피 자국처럼 점점이 그어 놓는다. '멋지게'나 '모양 나게'로 바꾸라고 집요하게 요구하는 것이다. 맞춤법 애호가라면 군말 없이 따를 것이며 온후독실하고 공명정대한 평소의 나라면 역시 그러겠다. 하지만 이번만은 눈물을 머금고 인공지능의 충정 어린 의견을 외면한다. 문제가 있기 때문이다. '폼나게'와 '멋지게'가 과연 같은 뜻인가? ('모양 나게'는 도무지 폼이 나지 않아 일찌감치 제외한다.) 『고려대 한국어대사전』에서 제시한 '폼나다'의 정의는 후자의 부족함이 뭔지를 명확하게 알려 준다.

폼나다: 멋이나 거드름이 겉으로 드러나다.

정리하자면, 나사 빠진 빈 수레처럼 요란하게 거들먹거리면서도 그걸 거북하거나 시끄럽거나 부끄럽게 여기기는커녕 도리어 자랑스러워하는 데다 그 공허하고 떠들썩한 감정을 사방에 알리고 싶어 안달복달하는 느낌이 '멋지다'는 단정한 표현에서는 전혀 드러나지 않는다. '폼나다'보다 더 폼나는, 아니 쌈박한 표현을 알려 주시면 기꺼이 수용하겠다. 나는 앞뒤 좌우 꽉 막힌 사방팔방 절대 꼰대와는 거리가 먼 사람임을 이 자리에서 당당히 밝힌다. 한동안 인기를 끌던 '간지 나다'도 안성맞춤으로 보이지만, 지금 시국에 쓰기엔 아무래도 부적절하다. 이 정도면 충분한 대답이 되었으리라 믿고, 여러분이 지적하는 두 번째 문제로 넘어간다.

우리의 주인공 만주를 소년으로 여기는 게 과연 온당한가? 음, 꽤 날카로운 지적이라 '폼나게' 대답하기가 어렵다. 어영부영 얼버무리자면 뭐, 이렇다. 박지원은 1737년생이고, 유만주는 1755년생이다. 이 글이 말 그대로 어영부영 배경으로 삼고 있는 시기가 1780년대, 박지원은 40대 중반의 괴중년怪中年이며 유만주는 20대 후반의 평범 청년이다. 일찌감치 (불쌍하게도 첫 부인과 사별해서 한 번이 아니라 두 번!) 결혼하고 아이까지 둔

만주를 소년이라 부르는 게 우리 관습으로는 그다지 적절하지 않겠다. 하지만 말이다. 내게 만주는 항상 소년이다. 이유는 하나, 어딘지 미성숙한 느낌이 들기 때문이다. 생각이나 행동이 평범한 어른 같지 않기 때문이다. 또한 『표준국어대사전』이 소년을 '아직 완전히 성숙하지 아니한 어린 사내아이'라고 정의하고 있으니, '어린 사내아이' 운운하는 부분을 못 본 척 눈 한 번 딱 감기만 하면 만주를 소년이라 부르는 게 아주 부적절하지는 않다고 본다. 다소 억지스러운 주장이기는 하나 적어도 나는 그렇게 생각한다는 말이다. 워워, 잠깐. 잠깐만. 조금은 더 요령껏 설명할 수도 있겠다.

시카고대학에서 유학을 마치고 돌아와 유목 (실은 떠돌이) 강사 생활에 여념이 없는 초현실 인본주의 심리학자 모모 씨처럼 인공지능적인 웃음을 지으며 폼나게 말하는 거다. 미성숙은 성숙을 전제로 한 표현이라고. 으흠, 나쁘지 않다. 만주의 후손이 이 글을 읽을지도 모르니 불필요한 소송을 막기 위해서라도 아예 이렇게 바꿔 쓰자. 만주는 성숙을 향해 달려가는 사람이었다고, 늘 꿈을 꾸는 사람이었다고! 어제와 오늘과 내일이 똑같은 판에 박힌 평범한 어른의 기계적 삶을 경멸하는 사람, 자유롭고 아름답고 진취적인 소년이었다고!

소년에 대한 설명은 이쯤에서 마감하는 게 좋겠다. 그런데 만주를 소년이라고 부른 데는 또 다른 중요한 이유가 있다. **이 글은 논픽션이 아니라 픽션이라는 것! 달리 말하면, 어느 정도는 내 마음대로라는 것!** (아무렇게나 함부로 써도 된다고 픽션을 폄하하고 모독할 뜻은 전혀 없음을 밝혀 둔다.) 이 문장 하나로 나는, 새처럼, 고래처럼, 유령처럼, 타임머신처럼 자유로워진다.

왜? 앞으로 이 글에 등장할 무수한 시간적, 공간적 오류와 역사에 없는 꾸며 낸 사건과 실제로 일어난 사건과 인간관계에 대한 자의적이고 무책임한 해석을 위한 면죄부를 단번에 얻은 셈이니까.

자, 이쯤 설을 풀었으면 이 시원찮은 글이 대략 어떤 물에서 노는지는 다들 충분히 알아들었으리라 믿는다. 우리의 주인공 소년 만주에게 돌아가자. 가쁜 숨과 흐트러진 옷매무새를 공들여 수습하고 손거울을 보며 눈곱 제거 작업까지 마친 만주는 이제 막 하인과 집으로 들어가는 참이다. 더 질질 끌다간 오늘의 메인이벤트를 놓쳐 버릴지도 모른다.

만주와 박지원이 주고받았을 의례적인 인사, 만주가 두 손 모아 건넨 편지는 건너뛰고 곧장 핵심으로 들어간다.

만주는 혹시라도 듣는 이가 **오해하지 않게** 등을 똑바로 세우고 두 손을 모은 뒤 정중하게 물었다.

"선생님, 어떻게 하면 폼나게 글을 쓸 수 있습니까?"

'오해하지 않게'라는 표현에 주목하시길. 심심해서 진하게 표시한 게 절대 아니다. 만주가 오해하지 않게 물었다는 건 달리 말해 박지원이 만주의 질문을 오해하기 딱 좋은 상황이었다는 뜻이다. 여러분이 고개를 갸웃하게 되는 건 당연하다. 이게 뭐 어려운, 아니 대단한 질문이라고 오해까지 하나?

당대의 대문장가 박지원에게 폼나게 글 쓰는 법을 가르쳐 달라고 부탁하는 소년이 만주뿐이었을 리는 없다. 작가로서 박지원의 전성기였으니 적어도 하루에 서너 번은 사인 요청과 함께 이와 비슷한 질문을 받았을 것이다. 늘 있다시피 한 일이니 상대방 수준에 어울리는 무난한 말, 즉 겉으로는 번지르르해도 자세히 따져 보면 별 의미 없는 '열심'·'매일'·'노력' 같은 말이 포함된 모범 답안도 여럿 준비되어 있었을 텐데 도대체 뭘 오해한다는 뜻일까?

힌트는 만주가 건넨 '편지'에 있다. 그렇다. 우리의 절대 무명 소년 만주가 최고 유명 작가 박지원을 찾아간 공식적 이유는 사실 아버지가 쓴 편지 배달이다. 이 편지의 내용을 소개하면 여러모로 편리하겠으나 아쉽게도 전하지 않으니 우리로서는 도무지 알 도리가 없다. 그래서 더 궁금하다. 뻔하게 안부를 물었을까? 당대에 큰 관심을 끈 문제, 인간과 동물의 본성이 같은지 다른지에 대해 지루한 의견을 담았을까? 빌려준 돈을 제발 좀 갚으면 좋겠다고 눈물로 호소했을까? 언젠가 함께 만나 흥청망청 시간을 보낸 누군가에 대한 은밀한 비난은 아니었을까?

밑도 끝도 없이 한심한 추측에 시간을 낭비하기보다는 구체적인 물증을 살펴보자. 그런 게 어디 있냐고? 우리로서는 다행스럽게도 박지원이 만주의 아버지 유한준兪漢雋에게 답장으로 보낸 편지를 꼼꼼하게 베껴 놓았다. 만주가 폼나게 글 쓰는 방법에 대해 물은 현장에 내가 함께한 듯 자랑스럽게 묘사할 수 있는 것도 박지원 덕분이다. 꼼꼼한 기록자에게 아름답고 우아한 축복이 있으라!

『연암집燕巖集』에 따르면, 박지원은 동료 작가이기도 한 유한준에게 편지를 총 아홉 편 보냈는데 다시 말하지만 전부 답장이다. 유한준이 교류를 먼저 시작했다고 추측할 수도 있겠다. 우리가 앞에서 본, 폼나게 글 쓰는 법 운운하는 만주의 질문은 그중 네 번째 편지에 등장한다. 그렇다면 만주가 들고 온 아버지의 편지는 박지원이 보낸 세 번째 편지에 대한 답장으로 보는 게 합리적이다. 물론 아홉 편의 편지가 보낸 순서대로 『연암집』에 실렸는지는 알 수 없고, 일부는 과연 실제로 보냈는지 미심쩍기도 하다. 하지만 굳이 편지의 순서를 바꾸거나 보내지도 않은 편지를 실을 이유는 전혀 없어 보이니, 천사처럼 마음씨 고운 우리는 그냥 보낸 순서대로 실렸다고 믿기로 하자. 자, 박지원이 보낸 문제의 세 번째 편지를 소개한다.

우리 동네에 나한테 『천자문千字文』 배우는 아이가 있답니다. 소리 내어 읽기를 끔찍하게 싫어하기에 이놈, 하고 무섭게 꾸짖었더니 대뜸 이렇게 말하더군요.
"하늘을 보면 푸른데, 하늘 천 자는 왜 푸르지 않은 걸까요? 그래서 읽기가 싫어요."
제기랄, 이 아이의 총명함이 창힐倉頡(한자를 만들었다고 전해지는 중국 전설시대의 인물)의 기를 팍팍 죽입니다!

하하, 명랑하고 발칙한 소년이다. 게으름을 피우는 소년에게 한바탕 엄포를 놓으려던 박지원의 말문이 잠깐이나마 턱 막혔겠다. 내용은 간단해도 중요 사항이 여럿 포함된 편지다. 내가 아는 것을 총동원해 200자 원고지 102.58매 분량으로 길고 긴 해설을 첨부할까 하다가 생각을 바꿨다. 여기서는 그저 오늘날에도 우리가 가끔 보고 있는, 미세먼지와 구름 한 점 없는 맑은 하늘처럼 푸른 글자, 박지원이 다른 데서 쓴 표현을 동원하자

면 책 속에 박제된 죽은 글자가 아닌 하늘의 새처럼 훨훨 날아
다니는 생생한 글자를 쓰자는 권유 정도로 받아들이면 무리가
없을 듯하다. 하지만 제삼자인 우리는 여유롭고 무심하게 받아
들일 수 있어도 유한준은 그럴 수 없었다. 왜? 유한준이 보기
에 이 편지는 자신의 글이 생생하지 않다는, 평생 한 번도 손질
한 적 없는 야생 참매 발톱으로 얼굴을 박박 긁으며 퍼부어 대
는 날카롭고 잔인한 비난 그 자체였으니까.

　귀여운 소년 제자의 말을 인용했을 뿐인데 뭘 그렇게까지,
'쯧쯧, 이 사람 피해망상 아닌가?' 하고 생각할 수 있겠다. 하
지만 유한준은 내외에서 존경받는 멀쩡한 사람이었다. 당대의
명사들이 그림이나 글을 그에게 가져와 감상평과 추천사를 부
탁한 사실이 그 증거다. 바꿔 말해, 피해망상증과 거리가 먼 건
전한 교양인 유한준이 이 세 번째 편지를 자신의 글쓰기에 대
한 비난으로 여긴 데는 합당한 이유가 있다. 세 번째 편지의 내
용이 그렇다면 박지원이 보낸 첫 번째 편지와 두 번째 편지도
유심히 살펴보는 게 옳겠다! 제법 긴 편지들이라 하품을 연속
으로 유발하는 극심한 부작용이 일어날 수 있으니까 여기서는
유한준의 심사를 불편하게 만들었다고 추정되는 부분만 살펴
보자.

유한준 선생에게 답함 1: 벼슬과 땅 이름은 다른 나라의 것을 빌려 써서는 안 되는 법입니다. 땔나무를 지고 다니면서 소금 사라고 외친다면 종일 다녀도 한 묶음도 팔지 못할 겁니다.

숨은 의미: 생각 없이 습관적으로 쓰는 단어와 문장이 너무 많습니다. 어이 선생, 내 부탁 좀 합시다. 지금 여기에서 우리가 쓰는 살아 있는 표현을 찾아, 제발 맥락에 맞게 정확히 쓰세요!

유한준 선생에게 답함 2: 갑자기 눈을 뜬 소경이 집으로 가는 길을 못 찾은 이유를 아십니까? 처음 본 사물에 슬픔과 기쁨의 감정이 더해졌기 때문이지요. 이것이 바로 망상입니다.

숨은 의미: 댁의 어쭙잖은 솜씨로 요즈음 유행에 슬쩍 무임승차하려 했다가는 본전도 못 찾을 겁니다!

박지원의 아들 박종채朴宗采는 유한준이 이 편지들, 그중에서도 단어와 문장 사용에 관해 세부적인 문제 하나하나를 30년 경력의 완고한 편집자 모드로 꼼꼼하게 지적한 첫 번째 편지를 읽고 앙심을 품었다고 적었다. 일리가 있다. 작가 명함을 (좀처럼 나지 않는) 폼으로만 달고 다니는 내가 보기에도 앙심을 품지 않았으면 이상하다고 여길 만큼 직설적인 비난이 줄마다 넘쳐 나는 편지니까. 추녀가 미녀 흉내를 낸다는 등 말의 앞뒤가 전혀 들어맞지 않는다는 등 이름과 실상이 뒤죽박죽이라는 등 이건 뭐 거의 듣기 싫으면 절교하자는 수준이나 다름없다. 유한준을 동료 작가가 아니라 처음 글 쓰는 학생, 그것도 노력과 재능 다 아예 모자란 학생처럼 대한다. 나 같은 절대 인품의 소유자도 가만히 듣고 있기 힘든 비난이다. 하지만 함정이 있다.

박종채가 박지원의 아들이라는 사실을 기억하자. 피는 물보다 진한 법! 박지원의 이름을 높이기 위해, 우리로서는 알 수 없는 부분을 미세하고 정밀하게 조작했을 가능성이 충분하다. 다른 말로 하면 우리가 박종채의 말을 액면 그대로 믿을 수는 없다는 뜻이다. 아니 믿어서도 안 된다는 뜻이다.

유한준이 곧바로 앙심을 품고 인연을 끊었다면 그 뒤에 오간 편지들은 다 뭐란 말인가? 심지어 박지원이 보낸 편지에는 연애편지에 비길 만큼 낯간지러운 애정, 아니 우정 표현도 종종 등장한다. (그래서 실제로 보냈을까, 살짝 의심스럽기도 하다.) 이를테면 이렇게.

유한준 선생에게 답함 5: 저물녘 산에 올라가 기다렸습니다. 그대는 오시지 않았지요. 강물은 동쪽에서 흘러와 그 가는 곳이 보이지 않더군요. 밤 깊어 달빛에 배를 띄워 돌아왔습니

다. 정자 아래 늙은 나무가 허옇게, 사람처럼 서 있습다. 그
대가 먼저 와 있었나 보다 생각하며 잠깐 기뻐했지요.

유한준 선생에게 답함 7: 그대는 짐을 풀고 안장을 내리는 게
좋겠습니다. 아무래도 내일은 비가 올 것 같으니까요. 시냇물
이 비릿하게 흐르고, 섬돌 위로 개미 떼가 모여들고, 황새가
북쪽으로 울며 날아가고, 안개가 땅에 퍼지고, 별똥별이 서쪽
으로 흐르고, 바람이 동쪽으로 불어오고 있으니 말입니다.

소감이 어떤가? 나는 사랑하는 사람에게도 쉽게 쓰기 힘든
편지라고 생각한다. 사랑까지는 아니라도, 불만 있으면 한판
붙자는 식의 적의는 전혀 느껴지지 않는다. 이렇게 변덕스러운
박지원의 성향을 유한준은 분명히 잘 알고 있었다. 우리의 주
인공 만주를 앞에 앉혀 놓고 이렇게 말한 걸 보면.

"글은 뛰어나지만, 사람이 몹시 잡스러우니 안타깝다."

잡스럽다. 박지원에 대한 평 가운데 나는 단연 으뜸으로 꼽
을 만하다고 본다. 박지원의 글을 반복해 읽으면서 나도 비슷
한 느낌을 종종 받았다. 뭐랄까, 글과 사람이 최신 고강도 스프

링을 장착한 '스카이콩콩'처럼 예상하지 못한 데서 통통 튄다고나 할까? 워낙 솜씨가 뛰어난 덕에 대부분은 참신하고 놀랍고 즐거운 충격으로 다가오지만, 가끔은 쓰러질 듯 위태로워서 '이건 좀 아니지.' 하고 혀를 끌끌 차게 만들기도 한다. 아무개에게 보낸 편지를 한번 보자.

시골 사람이 서울 맵시를 내 봤자 결국 촌놈입니다. 술 취한 사람이 정색했다고요? 그래 봤자 하는 짓이라곤 취한 짓뿐입니다. 당신은 이걸 꼭 알아야 합니다.

모조리 비난일 뿐인 이 편지가 문집에 살아남은 이유를 모르겠다. 도대체 어디에 심오한 문학성이 숨어 있다는 말인가? 찾으신 분은 부끄러워 말고 연락 주시길! 상금은 없습니다만.

여하튼 우리에게 중요한 건 박지원이 유한준에게 보낸 처음 세 통의 편지는 모두 글쓰기에 관한 내용이며 칭찬보다는 비난을 듬뿍 담고 있다는 사실이다. 이런 정황을 종합해 보면, 유한준이 만주의 손에 들려 보낸 편지에는 이 비난에 대한 그 나름의 답이 적혀 있었을 가능성이 농후하다. 원색적이지 않으며 부드럽고 은근한 문장들로! 직설적이지는 않아도 논점을 피해 가지는 않는 문장들로! 순전히 내 추측이지만, 그러지 않고서

야 편지가 아홉 통이나 오간 뒤에도 서로 웃으며 얼굴을 마주했을 리는 없다. 둘 중 한 명은 수위 조절에 신경을 썼을 테고, 그 사람은 아마도 유한준이었을 것이다. 자, 본론으로 돌아가자. 요약하자면, 싸움 수준은 아니라도 은근히 서로 머리 세포를 집요하게 자극하는 날카로운 신경전을 편지를 통해 치르는

▌작가 미상, 〈유한준 초상〉, 서울대학교 규장각한국학연구원 소장.

마당에 유한준의 아들 만주가 박지원을 찾아와 하필 글쓰기에
관해 묻는다. '잡스러운' 박지원이 이를 자신의 편지에 대한 일
종의 도전이라고 여긴 것도 무리는 아닌 상황인 셈!

　안 그래도 우락부락한 박지원이 두 눈을 더 크게 뜨고 만주
를 보았다. (초상화의 무시무시한 얼굴 좀 보라! 나라도 겁이 났겠다.)

만주는 내성적인 소년이다. 게다가 쯧쯧, 불쌍하게도 자신이 못생겼다고 믿는 소심하고 자존감이 부족한 소년이다. (초상화는 남아 있지 않다. 하지만 부전자전, 유한준의 초상화를 보며 상상해 보라. 둘의 눈이 주는 느낌의 차이에 특히 주목하길!) 사람 파악에 가히 전문가급인 박지원은 우물쭈물하는 만주를 보고 됨됨이를 곧바로 알아차렸다. 그는 타구에 가래침을 퉤, 요란하게 뱉고는 맞춤형 정면 돌파를 시도했다. 키포인트는 저돌적으로, 공격적으로.

"지금 날 놀리는 게냐?"

"놀리다니…… 제가, 제가, 그럴 리가 있겠습니까?"

"네 아버지와 나눈, 겉보기엔 좀 껄끄러운 편지를 너도 다 읽었겠지?"

"대략은 알고……."

"누가 편지를 훔쳐 읽으라더냐?"

"그게 아니고요……."

"그게 아니고, 뭐?"

"죄송……."

"편지를 다 읽었는데도, 폼나게 글 쓰는 방법을 알려 달라는 말이 그 삐뚤어진 입에서 나오더냐? 뭐지, 이건? 네 아버지 대신 나와 한판 해보겠다? 너, 무슨 급이냐?"

"그럴 리가요. 저는, 저는 평화주의자입니다. 월드, 월드 피스! 그리고 선생님을 존경합니다. 선생님의 글을 아끼고 사랑합니다. 선생님은……."

"어이 어이, 낯간지러운 소리는 집어치우고 진지하게 이야기해 보자. 지금 이 상황이라면 네 아버지에게 물어보는 편이 더 낫지 않겠느냐? 솜씨야 어쨌건 네 아버지도 명색이 작가인데. 적어도 나보다는 친절할 테고."

"저는…… 선생님의 글이 훨씬 더 훌륭하다고 생각합니다."

가만가만 이건 또 무슨 말인가? 상황에 떠밀려 엉겁결에 튀어나온 말이라고 생각해서는 안 된다. 만주는 진심이었다. 자, 다들 주목! 중요한 설명 나갑니다. 유한준과 박지원은 동시대 작가였으나 둘의 지향점은 달랐다. (길게 말하면 그야말로 끝도 없는 주제니) 줄이고 또 줄여서 말하자면 유한준은 전통적인 글쓰기를, 박지원은 참신한 글쓰기를 구사했다. 우리의 소년 만주는 볼 빨간 사춘기 소년답게 트로트보다는 힙합을, 전통보다는 참신한 쪽을 선호했기 때문에 일기장에 이렇게 적었다.

기이함을 경험해 본 선비는 하루아침에라도 마음을 돌리기가 쉽다. 평범하고 졸렬한 무리는 평생 애를 써도 평범함과 졸렬함을 떨치고 벗어나기 어렵다.(1. 232)*

참신한 글을 쓰는 작가는 마음만 먹으면 언제든 전통적인 글을 쓸 수 있지만, 그 역은 성립하지 않는다는 뜻이다. 왜? 재주의 차이가 확연하니까. 참신은 무에서 유를 창조하는 것이고, 전통은 기존 규칙을 지루할 정도로 충실하게 따르는 것이니까. 지루한 글쓰기에 특출하게 일가견이 있다고 평가받는 나로서는 부끄럽지만 동감하지 않을 수 없다. 세상 그 어떤 작가가 지루함을 구현하려고 글을 쓰겠는가? 재미있는 글, 톡톡 튀는 글, 시대를 앞서가는 글, 인스타그램에 저절로 인용하고 싶어지는 글, 잘 팔리는 글을 쓰려 해도 재주가 부족해서 어쩔 수 없이 모두가 외면하는 한심하고 구태의연하고 뻔한 결과물을 만들어 낼 뿐이다. 그러면서도 아닌 척 둘러대고는 괜히 멀쩡한 다른 이들을 향해 눈 크게 뜨고 유행에 편승하니 글도 아니니 뭐니 하며 비난……. 아, 가슴에 강한 압박이 느껴지니 다시 본론으로 돌아가자. 이 대목에서 궁금해지는 게 있다. 과연 유한준은 어두컴컴한 밤중도 아닌 환한 대낮에 벌어진 아들 만주의 배반을 알았을까?

1. 알았다

---

* 유만주의 글은 대부분 『일기를 쓰다』1 · 2(김하라 편역, 돌베개, 2015)에서 인용하되 필요에 따라 변형하기도 했으며 권과 쪽수를 밝혔다.

2. 몰랐다

정답은…… 생략한다. 당장 답하기가 쉽지 않은 문제이기도 하고 가족 관계란 늘 양자역학 수준으로 복잡하고 어려운 법이므로 우선은 눈앞의 박지원에게 집중한다. 자기 아버지보다 자신을 더 존경한다니, 아마도 박지원은 늘 그렇듯 겉으로는 클클클 악마 같은 웃음을 지었으나 속내는 좀 달랐으리라. 유한준과 조용하면서도 치열하게 신경전을 치르는 와중에 벌어진 사랑 고백 사건을 어떻게 처리해야 할지 잠깐이나마 고민했으리라. 일단 박지원은 클클클 모드를 유지하며 만주의 질문부터 확인했다.

"폼나게 글 쓰는 법을 알려 달라고?"

"예, 선생님처럼 폼나게 글을 쓰고 싶습니다. 제발 방법을, 비법을 알려 주십시오."

"정말?"

"네, 정말입니다."

"내 글이 그리 폼이 나더냐?"

"정말 폼이 쫙쫙 납니다."

"쫙쫙?"

"네, 쫙쫙."

"쩍쩍은 아니고?"

"네?"

"아니다. 그렇다면…… 잘 들거라."

"네, 한 말씀도 빼놓지 않고 잘 듣겠습니다. 혹시 적어도 될까요?"

"그럴 필요는 없다. 네 아버지에게 보낼 편지에 자세히 써 줄 테니 늘 하던 대로 훔쳐 읽도록. 준비되었느냐?"

"준비되었습니다."

"그럼 쏜다!"

"쏘십시오!"

박지원은 타구에 진한 가래침을 다시 뱉은 뒤 근엄한 목소리로 가르침을 베푼다.

"예가 아니면 보지 말고, 예가 아니면 듣지 말고, 예가 아니면 말하지 말고, 예가 아니면 움직이지 말라!"

"네?"

"벌써 귀가 어두운가 보구나. 볼 빨간 사춘기에 이어폰을 장시간 사용하는 건 자제해야 한다. 설명서에도 나와 있잖아. 다들 설명서를 개뿔로 아니, 쯧쯧. 자, 다시 말해 줄까? 예가 아니면……."

"아닙니다. 제대로 알아들었습니다. 32캐럿 다이아몬드보다 반짝반짝 빛나는 귀한 말씀 고맙습니다."

그런데 휘황한 찬사와 달리 만주는 눈에 띄게 당황한 모습이다. 갑자기 자리에서 벌떡 일어나더니 시계를 보며 (시계는 물론 없었겠다. 그렇다고 시대를 고려한답시고 휴대용 해시계라고 쓸 수도 없는 노릇이다.) 두부 두 모를 사 오라는 어머니의 지엄한 명령을 깜빡했다면서 두부 가게가 문 닫기 전에 그만 돌아가 봐야겠다고 말한다. 박지원이 괜찮냐고 일부러 더 느리게 묻자 괜찮다고 빠르게 대답한다. 상대가 당황하고 허둥댈수록 더욱 친절해지는 특이 성격의 소유자 박지원은 예절을 다한답시고 겉옷까지 천천히 챙겨 입고는 문밖까지 배웅한다. 여전히 안절부절못하며 인사하는 만주의 어깨를 세게 움켜쥐고는 모른 척 격려까지 한다.

"내 조언을 받아들여서 폼나게 좋은 글 열심히 쓰게나! 자부심을 가져도 좋네. 아무에게나 말해 주는 비밀이 아니거든. 성배는 자네처럼 용감한 자들만이 찾을 수 있지. 자, 우리의 영인디아나 존스, 파이팅!"

내성적이고 자존감이 떨어지며 외모에 열등감이 있는 만주는 고개를 제대로 못 들고 거듭 인사한 뒤 되돌아섰을 것이다. 움켜잡혔던 어깨가 살짝 아픈 와중에도 주먹을 들어 파이팅에 응답하지 못한 것을, 인디아나 존스라는 낯선 이름의 작자가 쓴 책이 뭔지 물어보지 못한 것을 깊이 후회하면서.

다음 날 아침, 날이 밝기 무섭게 박지원이 보낸 편지가 유한준에게 도착했다. 편지의 내용은 이랬다.

어제 아드님이 찾아와서 폼나게 글 쓰는 법을 묻기에 이렇게 말해 주었지요.
"예가 아니면 보지 말고, 예가 아니면 듣지 말고, 예가 아니면 말하지 말고, 예가 아니면 움직이지 말라!"
기껏 비법을 알려 주었는데 잔뜩 시무룩해져서 돌아가더군요. 제가 파이팅으로 힘을 좀 불어넣어 주기는 했지만…… 문안 인사하며 그런 말을 안 합디까?

아들까지 싸움에 끌어들인 박지원의 파이팅 넘치는 편지를 받은 유한준은 어떤 반응을 보였을까? "감히 가족을 건드리다니, 이노~옴!" 하고 분노하며 곧장 결투하자는 편지를 썼을까? "잡스, 잡스, 잡스러운 박지원답네." 하고 식전에 어울리는 가벼운 랩을 잘근잘근 씹어 부르며 깊은 생각에 잠겼을까? 만주를 불러 어떻게 된 일인지 말해 보라고 했을까? 만주의 방에 뛰어들어 왜 잠자는 사자의 코털에 코발트블루 염색약을 퍼부었냐며 혼부터 냈을까? 아, 편지를 보여 주기는 했을까?

우리가 유한준이 아닌 이상 그의 반응을 정확히 알아낼 수는 없다. 하지만 초현실 인본주의 심리학자 모모 씨를 굳이 동원하지 않아도 우리는 잘 안다. 인간이란, 인공지능으로도 예측하기 어려운 존재라는 것을. 더군다나 예상 밖의 사태에 처한 조선의 양반이 어디로 튈지는 더더욱 알 수 없다는 사실을.

그런데 만주라면 이야기가 좀 다르다. 우리의 주인공 소년 만주가 어떤 밤을 보냈는지는 99.9퍼센트의 정확도로 설명할 수 있다.

안 풀리면 뭐라도 끄적거리라던
아리스토텔레스 선생의 말씀

만주는 분명 잠을 제대로 못 잤을 것이다. 아니, 잘 생각은 아예 하지도 않았을 것이다. 집으로 돌아온 만주는 박지원이 자신에게 직접 알려 준 귀한 영업 비밀을 한 글자도 빼놓지 않고 큰 글씨로 옮겨 적고는 그것을 바라보며 몇 시간째 깊은 고민에 빠져 있었으니까.

예가 아니면 보지 말고,

예가 아니면 듣지 말고,

예가 아니면 말하지 말고,

예가 아니면 움직이지 말라!

만주의 머릿속을 잠깐 들여다볼까? 그의 고민은 얼핏 보기에 마인드맵처럼 신경망처럼 사방팔방으로 뻗어서 복잡다단했으나, 불필요한 가지를 치고 나면 우리가 생각한 것과 크게 다르지 않다.

이게 정말 폼나게 글을 쓰는 비법일까?

딱 봐도 아니네, 뭐. 박지원이라는, 평범함과는 도무지 거리가 먼 괴중년 따위에게는 별반 관심이 없는 여러분은 어제 잠깐 본 퓨처스리그 야구 경기를 평하듯 쉽게 말을 내뱉으며 고개를 획획 저을 것 같다. 그런데 우리의 주인공 소년 만주는 그럴 수 없었다. 왜? 박지원은 자신이 존경하고 사랑하고 닮기를 바라는 유일한 작가니까. 심지어 아버지보다도 더! 더! 더! 작가의 입에서 나온 한마디 한마디에는 세상 전부와도 바꿀 수 없는 심오한 의미가 들어 있다고 여기는 훌륭하고 착실하고 순진한 소년이었으니까. (한때 나는 대머리 작가 플로베르의 '내가 곧 보바리'라는 말을 사실로 믿은 나머지, 일종의 커밍아웃으로 생각했다.)

하지만 만주도 박지원의 말을 곧바로 폼나게 글 쓰는 방법 또는 비법과 연결할 수가 없었다. 그러기엔 88고속도로가 개통하기 전 대구와 광주처럼 거리가 멀었다. 그래도 만주는 포기하지 않았다. 글을 폼나게 잘 쓰지는 못해도 골방에 틀어박혀 혼자 생각하고 또 생각하는 재주만큼은 어느 누구보다 뛰어난 만주다. 고민, 또 고민, 또 고민, 또 고민하던 만주가 드디어 새 종이를 바닥에 깔고 붓을 들었다. 생각이 잘 안 풀리면 뭐든 끄적거리라고 말씀하신 그리스 성인 아리스토텔레스 선생의 사례를 따라 몇 가지 가설을 적고 검증하는 작업부터 시도하기로 한 것이다.

　가설 1. 예의에 어긋나게 행동했을까?

　찔리는 구석이 있기는 했다. 만주는 작가나 작가 지망생들이 흔히 그렇듯 세상살이와 인간관계에 조금 (남들이 보기에는 엄청) 서툴렀다. 글을 폼나게, 더 폼나게, 더 더 더 폼나게 쓰고야 말겠다는 욕망에 지나치게 푹 빠진 나머지 기본적인 예의를 무시하고, 감정을 쉽사리 드러내고, 남들을 깔보고, 삐지거나 울먹이며 방에 틀어박히곤 했다. 이게 바로 통원通園이라는 호를 스스로 만들어 붙인 이유다.

나는 꽉 막히고 편협한 사람이다. 상황에 유연하게 대처하지 못한다. 처신할 때면 늘 뭔가에 얽매인 까닭에, 성격에 결함이 있다는 말을 자주 듣는다. 아, 나는 나쁜 성격을 고쳐서 세상 그리고 다른 이들과 잘 통하는 사람이 되고 싶었다.(1. 24)

'박지원 선생이 내가 다짜고짜 들이댄다고 여겼을까?' 글쎄, 만주는 머리를 가로저었다. 마음속으로 조급하게 굴기는 했지만, 실제 행동으로 이어져 큰 결례를 범한 것 같지는 않았다. 만주는 성현의 가르침을 그대로 따르는 조광조풍 모범 소년이 되어 자신의 몸가짐과 말을 하나하나 살폈다. 아무리 조각조각 나눠 퍼즐을 맞추듯 생각해 봐도 격식에 어긋나는 대목은 없었다. 파이팅에 응답하지 못한 게 마음에 걸렸다. 하지만 그건 박지원 특유의 파격이라, 전통적 예의와는 무관하다. 파이팅 응대법은 『소학小學』, 『예기禮記』, 『논어論語』는 물론이고 심지어는 최신 서양 서적인 『머니볼』에도 없다. 만주는 가설 1에 ×표를 했다.

가설 2. 아버지 때문일까?

두 사람이 주고받은 편지가 좀 많이 껄끄러운 건 박지원의 말처럼 사실이다. 하지만 두 사람 다 어른이고, 상대방의 응답을 결투 신청이 아닌 선의로 받아들였다. 박종채의 성급한 결론과는 달리 아슬아슬하기는 해도 선을 넘지는 않았다. 그림 수집가 김광국金光國이 펴낸 화집『석농화원石農畵苑』에 박지원은 서문을, 유한준은 발문을 쓴 것이 그 증거다. 원수 사이라면 상대방의 글이 함께 실린다는 주관자의 말을 듣고는 곧바로 손사래를 치며 거절했을 터. 왜 너는 서문이고 나는 발문이냐고 추잡스럽게 침 튀기며 따지고 들었을 터. 두 사람은 군소리 없이 기꺼이 작업에 동참했고 저마다 메가 히트를 기록한 명문을 탄생시켰다. '오리의 짧은 다리와 까마귀의 검은 깃털로도 제각기 천성대로 살고, 우물 속 개구리와 나뭇가지에 둥지를 튼 뱁새도 제가 사는 곳이 제일이라 여기며 살아간다'는 건 박지원의 문장이고 '알게 되면 참으로 사랑하게 되고, 사랑하게 되면 참으로 보게 되고, 볼 줄 알면 모으게 된다'는 건 유한준의 문장이다.[1] 만주는 가설 2에도 ×표를 했다.

가설 3.『논어』에 힌트가 있진 않을까?

박지원의 대답에 만주가 유난히 당황한 건 (표절의 비법인 듯) 본인 말처럼 당당하게 내민 말이 실은『논어』에 등장하는 구절이기 때문이다. 다들 똑똑해서 잘 알겠지만 『논어』는 공자의 제자들이 모은 스승의 어록으로 남부끄럽지 않은 교양을 갖춘 선비를 꿈꾸는 소년이라면 빼놓지 않고 읽어야 하는 책이다. 조금 더 속되게, 아니 현실적으로 다시 말해 '스카이캐슬'적으로 표현하면 과거 급제를 목표로 하는 조선의 소년이라면 처음부터 끝까지 달달 외우다시피 해야 하는 수험 준비 기본서 중의 기본서라는 뜻이다. 『성문 영어』니 『수학의 정석』이니 하는 (고백하자면, 이름만 들어 본!) 책 제목이 얼핏 떠오르지만 자세한 설명은 삼가겠다. 만주도 (주로 경제적 측면에서) 내실은 없어도 명성만큼은 번지르르한 양반집 자제라서 『논어』 공부는 옛날 옛적에 이미 마쳤다. 더욱이 예 어쩌고저쩌고하는 구절은 시험에 꽤 자주 나오기 때문에 머릿속에 확실히 박혀 있었다. 그리고 당연한 소리겠지만 만주는 이 구절과 폼나게 글 쓰는 비법을 연결한 적이 단 한 번도 없다. 공자는 훌륭한 성인이자 뛰어난 스승이자 명언 제조기였으나 아무리 양보해도 글쓰기 전문가는 아니었으니까. 하지만 다른 사람도 아닌 대작가 박지원이 만주의 질문에 『논어』의 구절로 답했다. 남들과는 뭔가 다르게 생각하는 창의력 천재 박지원이 그랬다면, 가장 먼저 해야 할 작업은 역시 『논어』 구절을 정밀하게 다시 살펴보는 것. 다 알고 있다고 자만하지 말고 학문을 처음 배우는 사람의 자세로

돌아가 한 글자 한 글자 천천히, 아니 느릿느릿, 아니 떠듬떠듬
에 가깝게 음미하며 읽어 보는 것.

　만주는 책장에서 『논어』를 꺼내 「안연」 편을 펼쳤다. 만주
가 펼친, 빨간 밑줄, 파란 밑줄이 잔뜩 그어져 있던 바로 그 『논
어』를 그대로 인용하면 지면이 화려해지는 효과가 확실하겠으
나 허약한 몸 상태에도 그 나름대로 정신적으로는 활발발하던
만주가 이미 이 세상 사람이 아니듯 만주가 펼친 책 또한 먼지
가 되어 대기 속으로 사라진 지 이미 오래다. 설령 보관이 잘
되는 행운을 입어 사라지지 않았다 해도 온통 한문으로만 되
어 있는 『논어』를 그대로 인용하는 건 잉글리시에 치우친 우리
의 독특한 언어 교양 수준을 생각할 때 전혀 의미가 없으므로,
(주관적인 생각에 대해 따지지는 말길 바라며) 박지원과 이미지가 꽤
비슷한 이 시대의 명철학자 도올 김용옥 선생의 신묘한 번역을
인용한다.

　안연이 인을 여쭈었다. 이에 공자께서 말씀하시었다. "자기
　를 이기어 예로 돌아가는 것을 인이라고 한다. 하루라도 자기
　를 이기어 예로 돌아갈 수 있다면 천하가 모두 인으로 돌아간
　다. 인을 실천하는 것은 오로지 자기로 말미암는 것이니, 어
　찌 타인으로 말미암아 인을 실천할 수 있겠느뇨?" 안연이 말

쓰드렸다. "그 세목을 여쭙겠나이다." 공자께서 말씀하시었다. "예가 아니면 보지 말고, 예가 아니면 듣지 말고, 예가 아니면 말하지 말고, 예가 아니면 움직이지 말도록 하라!"[2]

기왕 도올 선생을 호출했으니, 선생이 이 교훈을 어떻게 생각하는지도 마저 살펴보면 좋겠다. 나는 그야말로 빵 터졌고 선생은 역시 명명명철학자이며 괴중년 박지원과 놀랍도록 많이 닮았다는 생각을 굳히게 되었다.

공자 집단의 추상적 주제들이 단도직입적으로 질문되고 그에 대한 대답이 매우 도식적인 성격을 띠고 있기 때문에 도학자들의 구미에 잘 맞는 장이라 할 수 있다. 조선의 속유들이 좋아했던 편이리라.

유교의 본래 면목은 무엇일까? 나는 최소한 이런 장에서 그 해답을 찾아서는 아니 될 것이라고 확신한다.[3]

『논어』에 관해 그 나름대로 전문가였을 박지원과 만주 또한 도올 선생의 견해에 동의할지는 잘 모르겠다. 박지원은 이 구절에 대해 어떻게 생각하는지를 밝힌 적이 없고 (자신 있게 말하기는 어렵지만, 뭐 아마 없겠지. 있어도 할 수 없고.) 만주도 마찬가지 (일 것이)다. 『논어』와 유학을 논의하는 자리는 아니고 내 생각을 말할 능력은 쥐꼬리만큼도 없으니까 원래 문제로 돌아가자.

만주는 예 어쩌고저쩌고하는 문장을 소리 내어 읽어 보았으며 심지어는 거꾸로도 읽고 옆으로도 읽고 길게 늘여도 읽고 리듬에 실어서도 읽는 기발한 창의성을 발휘했으나, 폼나게 글 쓰는 법과 관련되어 있다는 증거는 전혀 얻을 수 없었다. 하늘에서 소리가 들려오지도 않고, 벽 사이로 비밀의 문이 나타나지도 않고, 바닥이 홍해처럼 쩍 갈라지지도 않았다. 그저 찬바람 한 줄기가 문풍지를 두드리고 멀리서는 고독한 올빼미 우는 소리만 올올올 삐삐삐 지겹고 슬프게 들려왔을 뿐. 그렇다면 가설 3도 ×. 만주는 계속 몇 가지 가설을 세웠다가 지웠다. 이를테면 이런 것.

가설 4. 박지원 선생님의 기분이 살짝 별로였다. 그래서 대답의 방향이 약간 어긋난 것 같다.

가설 5. 어쩌면…… 그냥 농담일까? 이유라곤 전혀 없는…….

만주는 가설 4와 5를 잠깐 보다가 커다란 ×표를 했다. 말도 안 되는 정신 나간 가설이었다. 감히 대작가 박지원의 말을 의심하다니, 풀리지 않는 문제로 고민하다가 머리가 아예 어떻게 된 것이 분명하다. 대작가에게 그냥은 없다. 헛기침하면서 내뱉는 말 한마디는 물론 왼쪽 다리가 살짝 굽는 느릿한 걸음걸이와 커다란 머리를 리듬감 있게 타닥, 탁 긁는 손동작과 5분의 4 박자와 7분의 2 박자를 즉흥연주하듯 자유롭게 오가면서 벌름거리는 속 깊은 콧구멍에도 다 의미가 있는 법이다. 만주는 자신의 못생긴 머리를 주먹으로 쥐어박았다. 머리가 단단한 탓인지 주먹이 아팠다. 물론 머리가 아프지 않았다는 뜻은 아니다. 그리고 다행히 효과가 있었다. 만주는 똥 마려운 사람처럼 끙 소리를 한 번 내고는 반전처럼 유레카를 외치며 신나게 새로운 가설을 적었다.

가설 6. 선생님께선 이를테면 정진할 화두를 주신 것이다.

『표준국어대사전』은 화두에 대해 세 가지 정의를 제시한다. 이야기의 첫머리가 첫 번째고, 관심을 두고 중요하게 생각하거나 이야기할 만한 것이 두 번째다. 세 번째 정의는 이렇다.

불교 선원에서, 참선 수행을 위한 실마리를 이르는 말. 조사祖

師들의 말에서 이루어진 공안公案의 1절이나 고칙古則의 1칙
이다.

단어의 뜻을 밝혀 주는 정의가 뭐 이렇게 어려운지. 비록 절
에서 단 한 시간도 수행한 적이 없어도 무슨 뜻인지 나는 다 알
지만, 해석은 똑똑한 여러분에게 떠넘기겠다.

괜한 사전 트집 잡기는 그만두고 다시 본래 이야기로 돌아가
자. 요약하자면 이렇다. 우리의 주인공 소년 만주는 박지원이
클클클 웃으며 슬라이스로 친 펑고 공처럼 일부러 잘못 던진
한마디 또는 뉴턴의 사과처럼 뭔가 있음을 진하게 암시하며 툭
던진 한마디를 고민하고 또 고민하기로 결론 내렸다는 이야기.
다시 말하면 '사이비 사절'이라는 구호를 대문에 쩍 붙여 놓은
박지원 교의 정식 신도가 되어 교주의 말씀을 무조건 믿고, 그
의미만을 고민하고 또 고민하기로 단단히 결심했다는 것. 서쪽
으로 말 타고 달려간 돈 많은 삼장처럼! 동쪽으로 터벅터벅 걸
어온 가난한 달마처럼! 또는 동서를 종횡무진 걷고 달리던 우
리의 건강한 혜초처럼!

책 거래를 한다면 우리 만주처럼

화두에 매달리고 그것을 푸는 방법은 가지각색이다. 진리는 많지 않아도 개성 넘치는 선문답은 수천수만 가지라는 사실을 생각해 보면 되겠다. 그 하나, 하나가 다 귀중함은 두말할 필요가 없다. 모르는 사람에겐 기행 또는 우행으로 보여도 당사자에겐 합당한 이유가 있는 것. 그렇다면 박지원 교의 새 신도로서 만주가 생각한 해결 방법은 뭘까? 관점에 따라 그럴듯하게 보이기도, 어처구니없게 보이기도 한다.

대작가 박지원 선생이 쓴 글을 구해다가 읽어야겠다!

일은 완벽하게, 그러니까 한 편도 빠짐없이!

단테 씨가 방문하고 치를 떤 지옥 끝까지 가서라도!

　조선 선비들은 유난히 책에 환장하는 (것처럼 보이는) 인간 부
류였지만 놀랍게도 19세기 이전 조선에는 서점이 없다시피 했
다. (비슷한 것이 몇몇 보이기는 하나 우리가 생각하는 서점인지는 의문
이다.) 도서관도 전혀 없었다고 말하기는 어렵지만 자유롭게 이
용할 수 있는 공간은 아니었다. 국립 도서관 격인 규장각을 생
각해 보면 되겠다. 책을 빌리겠다고 휘파람 불며 들어갔다간
생명이 위태로울 수도 있었다. 그래서 조선 시대에는 책을 구
하는 방법이 단순했다. 책쾌를 통하거나 소장자를 찾아 빌리는
것.
　책쾌란 집집을 돌아다니며 책의 매매를 중개하는 상인을
뜻한다. 영어 약자로는 MBD, 즉 '모바일 북 딜러Mobile Book
Dealer'가 되겠다. 만주가 처음 책쾌와 접촉한 건 해주 판관으
로 일하던 아버지 유한준으로부터 『문선文選』과 『패문운부佩文
韻府』 등을 구입하라는 지시를 받았을 때다. 『문선』은 중국 문
인들의 대표작을 모아 놓은 책이고, 『패문운부』는 청에서 나온
백과사전으로 한시에 쓰인 단어를 총망라했다. (여기저기 참조해
대충 옮겨 적은 것이다. 당연히 이 책들의 표지도 본 적 없다.) 만주가
전설적인 책쾌 조신선曹神仙과 『패문운부』를 두고 협상하는 부

분을 살펴보자. 하나를 보면 열을 알고 떡잎을 보면 식물의 성
장세를 예측할 수 있듯 다른 책도 대개 이와 비슷한 방식으로
구입했을 것이다. 유한준과 유만주 부자, 그중에서도 우리의
주인공 만주의 엄청난 협상력에 초점을 맞춰 보길 바란다.

모년 4월 23일, 책쾌가 방문하다.

만주: 『패문운부』를 좀 구해다 주시오.

책쾌: 찾는 이들이 많아 시간이 좀 걸리겠습니다.

만주: 서둘러 주시면 고맙겠소.

7월 초, 유한준이 『패문운부』 구입을 독촉하는 편지를 보내다.

『패문운부』는 아직 못 구했느냐? 조금 서둘러라. 필요한 책이
니 가격에 크게 구애받지 말고 꼭 사도록 해라!

7월 9일, 책쾌가 『패문운부』의 값을 제시하다.

책쾌: 8000문을 주시면 팔겠습니다.

만주: 아버지께 값을 전하겠소.

7월 17일, 유한준의 편지가 도착하다.

8000문? 아무래도 네가 바가지를 쓰고 있는 것 같구나. 바가

지로는 물을 퍼야지, 머리에 쓰면 안 된다. 거울을 보고 눈에 힘주는 연습을 좀 해라. 네 눈이 원래 좀 희미해 보이기는 한다만……. 7000문에 협상하는 게 좋겠다. 혹시라도 협상이 잘 안 된다고 다투지는 마라. 책쾌의 마음에 상처를 줄 필요는 없으니. 이야기가 길어지면 적당히 양보해서 구입하길 바란다. 우리 둘 다 원하는 책이고, 기회가 날이면 날마다 오진 않으니.

7월 25일, 유한준의 편지가 도착하다.
『패문운부』는 어떻게 되었느냐? 어쨌건 꼭 구입하길 바란다.

7월 30일, 유한준의 편지가 도착하다.
아직도 거래가 안 끝났느냐? 흠, 어쩔 수 없구나. 역시 책쾌는 책쾌로구나. 책쾌를 독촉하든 구슬리든 달래서 꼭, 꼭, 꼭 구입하길 바란다.

8월 3일, 만주가 책쾌와 협상하다.
만주: 7000문 드리겠소.
책쾌: 흠, 난 바빠서 이만.
만주: 왜 이리 서두릅니까? 그럼 7500문! 더는 어렵소.

책쾌: 어려우면 관둡시다.

만주: 사람이 참…… 왜 이리 융통성이 없습니까? 협상을 합시다, 협상. 도대체 얼마를 원하시오?

책쾌: 이미 말했잖습니까, 8000문. 난 공정거래법에 따른 정가 판매를 준수합니다. 간이영수증도 취급하지 않는단 말입니다.

만주: 내 체면도 좀 생각해 주시오. 조금만이라도, 그러니까 7900문.

책쾌: 이런 말 아십니까?

만주: 무슨 말?

책쾌: 하나를 양보하면 둘을 양보하게 되고, 둘을 양보하면 넷을 양보하게 되지요.

만주: 사람이 참 빡빡하구려.

책쾌: 8000문에 살 거면 연락 주십시오. 난 그럼 바빠서 이만. 이덕무李德懋 씨와 유득공柳得恭 씨 집에도 들러야 합니다. 팔 책이 있다는군요. 보나 마나 잔뜩 헌 책이겠지만.

만주: 잠깐만.

책쾌: 결정하셨을 때 연락 주십시오. 오늘은 이만.

8월 4일, 만주가 8000문에 『패문운부』를 구입하다.

만주: 좀 비싼 느낌이 있지만 뭐, 책쾌의 농간에 맞서기는 어려우니……. 앞으로 계속 거래할 사람이기도 하고. 그건 그렇고 책이 참 좋긴 하네. 고생한 보람은 확실히 있군. 내 평생 이렇게 뿌듯한 적이 있었나?

『패문운부』를 사면서 벌인 협상에 자신감을 얻은 만주가 이번에는 오래전부터 점찍어 둔『휘강徽鋼』구입에 나선다. 중국 역사서로 추정되는『휘강』을 구입할 때는『패문운부』를 통해 이미 책쾌와 서로 실력을 확인한 터라 이야기가 단순하다. 책쾌 조신선의 신선 같은 솜씨와 이기지 않을 협상은 아예 시작하지도 않는 만주의 우아한 태도가 돋보인다.

10월 9일,『휘강』에 대해 묻다.

만주:『휘강』이라는 책이 있다던데?

책쾌: 있지요, 평생 곁에 두고 봐도 좋을 만큼 훌륭한 책이지요.

만주: 구할 수 있겠소?

책쾌: 내일 가져오겠습니다. 그런데 말입니다…….

만주: 그런데?

책쾌: 세트로 구입하는 방법이 있습니다.

만주: 세트?

책쾌: 『합강合鋼』세트란 게 있어요. 『휘강』, 『속강續鋼』, 『휘강발명徽鋼發明』을 묶은 겁니다. 세 권에 단돈 6000문!

만주: 오호! 연속 구매인데, 할인은……?

책쾌: 세 권에 6000문!

만주: 한 권씩 구입하는 것과 뭐가 다르오?

책쾌: 세 권을 한꺼번에 넣을 수 있는 '메이드 인 차이나' 책갑을 함께 드립니다.

만주: 와, 좋소.

책쾌: 그럼 내일 책을 가져오겠습니다.

10월 10일, 『합강』의 값을 세 차례 나눠 치르기로 계약하고 1차 지불하다.

10월 11일, 2차 지불하다.

12월 22일, 3차 지불하다.

만주는 『패문운부』때와 비교하면 제법 쉽게 책을 손에 넣었다. 하지만 다 좋을 수는 없는 법. 자신이 원한 책이라서 생긴 문제였다. 아버지의 후원을 받을 수 없다는 것. 그럼 만주는 어떻게 책값을 마련했을까? 일기에 답이 있다.

약을 그만 먹고, 그 돈으로 책을 사야겠다.

만주는 몸이 약한 편이었다. 유한준이 아들의 약값을 대고 있었고, 만주가 마침 몇 달 치 약값을 막 받은 참이었다. 공교롭게도 약값이 책값과 비슷한 것은 순전히 우연의 일치겠으나, 만주는 책을 사라는 하늘의 계시로 받아들였다. 이런 식으로 계시를 남용하다니! 책을 손에 들고 기뻐하는 만주의 모습을 보면 약값을 빼돌려 책을 샀다고 비난하기는 어렵다.

지금 막 『합강』을 서재 책장에 꽂아 놓고 온 참이다. 이렇게 기쁠 수가! 수레에 금덩이와 쌀가마니를 가득 채워 온 기분! 내일은 책에다 도장을 꽉꽉 찍어야겠다. 혹시라도 잃어버리면 큰일이니. 조촐한 기념 파티도 열고 축시도 지을까?

원하는 책을 곧바로 구해 주는 조신선의 솜씨가 비범했으나, 우리 중 대부분은 책을 팔기보다 사는 쪽이라서 할인을 아예 허락하지 않는 그의 가차 없는 태도가 아무래도 마음에 걸린다. 이쯤에서 알아 두면 더 한숨이 나올 귀여운 비밀 하나를 털어놓는다. 만주는 평생을 백수로 살았다. 돈을 번 적이 전혀 없다는 뜻이다. (아, 우리의 사랑스러운 소년 만주여!) 당장 쓸 돈이 없으며 가까운 미래에도 돈이 들어올 가능성이 희박한 이들이 그렇듯 만주 또한 머리를 굴려 꼼수를 부린다. 기본 골자만 보면 이렇다.

책쾌에게 책을 부탁한다. → 원하는 책인지 확실하지 않아서 내용을 며칠 검토하고 싶다고 말한다. → 책을 베낀다. → 원하는 책이 아니라며 돌려준다.

변주가 조금 섞인 방식도 있다.(feat.: 파헬벨의 〈카논〉)

책쾌에게 책을 부탁한다. → 책을 구입한다. → 책을 베낀다. → 환불을 요청한다.

변주는 책쾌를 열불 나게 하는 데는 확실히 효과적이었다. 두 번째 단계에서 네 번째 단계까지 걸리는 기간이 짧게는 며칠, 길게는 무려 아홉 달이었다. 조신선이 점점 뜸하게 방문하다가 마침내 나타나지 않게 된 이유를 여러분 스스로 추측해 보라. 다음으로 넘어가기에 앞서 짜잔, 조신선에 대해 잠깐 이야기한다. 행여 여러분이 여기에서 본 행적만으로 그를 돈만 아는 장사꾼으로 오해할까 봐. 조신선은 그렇게 알고 넘어가기에는 조금, 아니 무척 아깝고 기묘하고 신비로운 구석이 있는 사람이니까. 소개하는 글은 조희룡趙熙龍이 쓴 인물 이야기 『호산외기壺山外記』 버전이다.

조신선이 어떤 사람인지는 알 수 없다. 그는 서울 곳곳을 누비고 돌아다니면서 책 파는 것을 직업으로 삼았는데, 동서남북 존비귀천의 집을 막론하고 그의 발자취가 이르지 않는 곳이 없었다. 어린아이와 하인 들이 그를 보면 '조신선'이라 손가락질하며 업신여기고 비웃는 일이 있어도 그저 한 번 웃고 말 뿐이었다. 사람들이 나이를 물으면 육십이라 했다. 칠십 세가 된 어떤 노인이 나이에 대해 이렇게 증언했다. "내가 아이 때에 조신선을 보았는데 그때도 육십이라 했다." 이로써 헤아려 보면 조신선의 나이는 나중에는 백사십 세쯤 되었을 것이다. 그런데도 얼굴 모습은 사십이거나 그도 안 되어 보였다. 이 때문에 사람들이 그를 신선이라 칭한 것이다. 탈 없이 죽었는데 아무런 일도 일어나지 않았다.

책은 꼭 책쾌를 통해서만 구하는 게 아니라 장서가에게 빌릴 수도 있었다. 이 방식은 돈이 전혀 들지 않으며 집안 서고 깊이 숨어 있는 희귀한 책을 구해 본다는 게 장점이지만, 끈질기게 물고 늘어지는 능력이 필요하며 가끔은 얼굴에 똥칠을 하게 되는 단점도 있다. 예나 지금이나 공짜로 무언가를 얻기는 어려운 법이다. 더군다나 만주는 외향적이거나 호감을 주는 성격도 아니다. 용모는…… 유한준의 초상화를 후다닥 보고 돌아오시라. 우리의 주인공 소년 만주가 어머니를 닮았을 가능성도 물론 있지만, 요약하자면 만주는 통하는 사람을 꿈꾸었으나 통하는 사람은 여전히 아니었다! 지극히 만주다운 흥미로운 사건 두 가지만 살펴보자. 먼저 『여유량 전집呂留良全集』 사건이다.

모모 씨와 이야기를 나누던 중 권상신權常愼이 『여유량 전집』을 갖고 있다는 정보를 얻다.
권상신 집에 찾아가다.
만주: 외조모가 돌아가셨다는 소식을 들었는데 이제야 찾아왔소.
권상신: 엥? 벌써 오래전 일인데…… 늦게라도 조문해 주니 하여간 고맙네. 내가 쓴 제문인데 한번 보겠는가?
만주: (대충 읽고는) 전통과 혁신을 결합한 대단한 명문일세.

권상신: 어이쿠, 의외의 과찬인걸. 말이라도 고맙네.

만주: (옆에 쌓인 책들을 뒤적거리며) 그런데 말일세…….

권상신 : (모른 척) 내 친구 모모 군이 쓴 시도 한번 읽어 보겠나?

만주: (대충 읽고는) 체제가 정밀하고 내용은 오묘하네.

권상신: 그렇지? 모모 군이 날라리처럼 보여도 시는 참 잘 쓴다니까.

만주: 그런데 말일세, 이 책들……. (책 더미가 무너진다.) 아, 미안하네.

권상신: 괜찮네, 그건 그렇고 내 정신 좀 보게. 약속이 있는 걸 깜빡했네. 자, 오늘은 이만!

만주, 집에 돌아와 잠 못 드는 밤을 보내다가 새벽에 편지를 쓰다.

"어제는 즐거웠네. 다시 말하지만 자네 글이 정말 훌륭했네. 모모 씨의 시도 그렇고. 진심일세, 진심……. 그런데 자네한테 『여유량 전집』이 있다는 말을 들었네. 혹시 빌려줄 수 있나?"

답장이 도착하다.

"있는지 확실하지는 않지만, 다른 사람도 아닌 자네 부탁이니 열심히 찾아보겠네."

한 달 후, 권상신 집에 다시 찾아가다.

만주: 자네가 소장한 책이 1만 3000권이라는 말을 들었네.

권상신: 그런가? 세어 본 적은 없어서 잘 모르겠네. 1만이 적은 숫자는 아니니까.

만주: 그중에 『여유량 전집』도 있다더군.

권상신: 그런가? 미안하게 됐네. 책이 워낙 많다 보니 한 권한 권 다 파악하지는 못하네. 추려서 버리든지 해야지, 원.

만주: 버리려면 나한테 버리게.

권상신: 말이 그렇다는 거지.

만주: 『여유량 전집』 말일세, 혹시 빌릴 수 있을까?

권상신: 어이쿠, 내 정신 좀 보게. 약속이 있는 걸 깜빡했네. 자, 오늘은 이만!

만주는 끝내 『여유량 전집』을 빌리지 못했다. 권상신을 욕할 이들도 있겠다. 책이 있으면 좀 빌려주지 뭘 그리 쩨쩨하게, 뻔뻔하게 구냐고. 하지만 책에 얽힌 두 번째 이야기에 등장하는 이시원李是遠의 반응에 비하면 권상신은 양반, 아니 하느님이다. 이때 만주가 눈독 들인 책은 『현주집玄洲集』이다.

이시원에게 『현주집』을 빌려 달라고 편지를 보내다.

종이 돌아와 말하길 한참을 기다렸으나 답장을 주지 않았다고 하다.

혹시 하는 마음에 한 달, 두 달, 석 달, 넉 달 동안 꾹 참고 기다렸으나 답장은 없다.

6촌 동생이 이시원을 만났는데, 편지를 받은 적도 없다며 손사래를 쳤다고 한다.

만주, '이런 뻔뻔한 거짓말쟁이 같으니!' 하고 탄식하다.

기분이 아예 상한 만주, 편지를 다시 보내다.

"애초에 편지를 못 받았다는 소식을 이제야 들었습니다. 아마 미욱한 종놈이 깜빡 잊어 놓고는 딴소리를 했나 봅니다. 공의 잘못은 전혀 아닙니다. 다 제 잘못이니 편지가 다시 오갈 수 있다면 좋겠습니다."

이시원, 초특급으로 답장하다.

"천박한 인간이라 밥숟가락 드는 법만 겨우 압니다만 벗이 보낸 편지에 답장하지 않는 짓거리는 해 본 적이 없습니다. 절교하려면 하세요. 저 같은 인간이야 사죄밖에는 할 도리가 없겠지요. 그런데 말입니다, 어찌 경솔한 종의 입놀림을 핑계로 오래 사귄 마음을 의심하는지 모르겠습니다. 원래 나를 사람 취급도 안 한 거 아닙니까? 나보다는 종이 더 믿음직스럽다, 뭐 이런 이야기입니까? 도대체 무슨 이유로 제가 댁한테 이런 대접을 받아야 하는지⋯⋯. 『현주집』은 시골집에 있으니 직접 가지 않으면 찾기 어렵습니다. 하고 싶은 말은 많으나 열불이 나고 땀이 뻘뻘 흐르니 그만 쓰겠습니다."(1. 201~203)

만주의 종과 이시원 중 한 명의 말은 거짓이다. 여러분은 어떻게 생각하는지? 카톡을 생각해 보면 이해가 쉽겠다. 종이 기다렸다가 답장 없이 돌아왔다는 건 상대방이 분명히 읽었는데도 답하지 않는 경우와 대단히 비슷하다. 이시원의 반박은 통신 장애로 카톡에 문제가 있었다고 말하는 것과 다르지 않다. 화면에는 읽은 것으로 표시되었으나 나는 절대로 읽은 적이 없다. 술은 마셨으나 음주운전은 아니다. 툭 치긴 했으나 폭행은 아니다⋯⋯. 내가 이시원의 속에 들어갔다 나오지는 않았으니 여기서는 이렇게만 말하련다. 이시원이 만주를 존중하지 않은 것만큼은 확실하다고. 왜? 실업자인 데다 붙임성도 제로니까. 인싸도 아닌 아싸를 굳이 가까이할 이유가 별로 없으니까.

책에 얽힌 일화를 이 정도 소개했으면 우리 만주가 박지원의 글을 모두 모으기가 쉽지 않았음은 충분히 알 수 있겠다. 괜히 단테 씨의 지옥 어쩌고저쩌고한 게 아니다. 세상에는 별별 지옥이 다 있는 법이다. 하지만 만주가 어떤 소년인가? 소심해도 한다면 하는 소년 아닌가? 그러니 우리 이야기의 주인공으로 당당히 캐스팅됐고. 자, 첨단 자본주의 사회에 걸맞게 과정은 생략하고 결과만 말해 보자. 잔뜩 가라앉은 분위기도 좀 밝게 띄우고.

와하하, 우리 만주는 결국 원하는 바를 다 이루었다! 다 같이 짝짝 박수를 보내자. 박수는 싫다고? 폼이 안 난다고? 협조 좀 해 주시길. 박수가 싫으면 팔다리를 비트는 관절 춤, 다리를 학대하는 개다리춤이라도 보여 주든가. 우리의 만주가 온갖 굴욕을 이겨 내고 얻은 결과니 말이다. 그러지 않았다면 만주가 이런 이야기를 피눈물을 참아 가며 일기장에 꾹꾹 눌러썼을 리는 없다.

최석정은 대단한 장서가였으나, 자기 책에 도장을 찍은 적이 한 번도 없다고 한다. 남에게 책을 빌려주면 돌려받으려고 노력하지 않았다. 심지어 자식과 아우들에게는 이렇게 충고했다고 한다. "책은 공공의 물건이니 개인이 사사롭게 차지해서는 안 된다. 내가 마침 책을 모을 힘이 있었기에 나에게 왔을 뿐이다. 남들이라고 그러지 말라는 법이 있겠느냐?"(1, 269)

민성휘는 가난하게 자랐다. 책을 늘 읽고 싶었으나 제대로 빌리기도 어려웠다. 과거에 급제하고 관리가 되자 책을 모으기로 마음먹었다. 명나라에 사행을 갔다가 돌아올 때 가져온 책이 배 한 척을 채웠다고 하니 그 양의 많음을 짐작할 수 있다. 민성휘는 책들을 시골집과 서울 집, 해주 산방에 나눠 보관하고는 원하는 사람이면 누구든 빌려 보게 했다. 해주 산방에는 책이 남아 있지 않고 시골집과 서울 집의 책도 절반 이상 사라졌다고 한다.(1. 269~270)

만주가 겪은 괴로움과 어려움은 이 정도로 마무리하고 피, 땀, 노력의 결과물을 살펴보자. 아는 사람은 다 좋다고 인정한 박지원의 글들이다. 정확히 말하면 만주가 가려서 뽑은, 즉 만주가 보기에 폼나게 글 쓰는 방법 또는 비법을 담고 있는 박지원의 글들이다. 더 붙이고 말 것도 없이 아름답고 명료한 글들이다. 우리의 주인공 소년 만주에게 원거리 하이파이브를 보낸 뒤 함께 읽어 보자. 내 마음대로 해석을 붙였는데, 물론 여러분이 다르게 해석할 수도 있다.

글이란 뜻을 드러내면 그걸로 충분하다. 붓을 쥐고서 갑자기 옛말을 생각하거나 경전에 나온 그럴듯한 말을 억지로 연결해 근엄하고 엄숙하게 꾸미는 사람은 화가를 불러서 초상화를 그리게 할 때 용모를 싹 고치고 나서는 이와 다를 바가 없다. 평소와 달리 얼굴에 분도 살짝 바르고 시선을 아예 움직이지도 않고 주름살 하나 없이 편 옷을 입고 있다면 아무리 훌륭한 화가라도 그 사람의 참모습을 그리기는 어려울 것이다. 글을 쓰는 일 또한 마찬가지이다.

→ 억지로 꾸며서 쓰지 말라.

한 아이가 뜰에서 놀다가 제 귀가 갑자기 울리자 친구에게 자랑스럽게 말했다. "이 소리 좀 들어 봐, 내 귀에서 피리나 생황 소리가 나. 동글동글한 게 꼭 별 같아."
친구가 귀를 대 보았지만 아무 소리도 들리지 않았다. 아이는 안타깝게 여기며 남이 몰라주는 것을 한스럽게 여겼다.

→ 혼자만 아는 글을 쓰지 말라.

남을 아프게 하지도 못하고, 가렵게 하지도 못하고, 구절마다 평범하고 우유부단하기만 하다? 이런 글을 도대체 어디에 쓰겠는가?

→ 독자의 머리와 가슴에 흔적을 남기는 글을 쓰라.

글은 어떻게 지어야 할까? 반드시 옛것을 본받아야 한다는 이들이 있다. 그래서 세상에는 옛것을 흉내 내고 본뜨면서도 부끄러워하지 않는 사람들이 생겨났다…….

그렇다면 새로 지으면 되지 않을까? 그래서 세상에는 괴이하고 허황한 글을 지으면서도 두려워하지 않는 사람들이 생겨났다…….

옛것을 본받아야 한다는 이들은 옛 자취에만 얽매이는 것이, 새로 지으면 된다는 이들은 법도에서 벗어나는 것이 문제이다. 옛것을 본받으면서도 융통성을 가지며 새로 지으면서도 법도에 맞는 글을 쓴다면, 지금의 글이 바로 옛글과 제대로 통하게 된다.

→ 바로 지금, 여기의 글을 쓰라.

저 하늘을 나는 새는 얼마나 생기발랄합니까? 그런데 우리는 새 조鳥 한 글자로 적막하게 표현함으로써 색깔을 지우고 소리를 없애 버리지요. 이래서야 마을 가는 시골 늙은이의 지팡이 끝에 새겨진 새 조각과 뭐가 다르겠습니까? 좀 가볍고 맑은 글자로 바꿔 본다고 머리를 써서 새 금禽 자로 쓰는 경우가 있는데, 이는 글만 읽고서 문장을 쓰는 자들에게 나타나는 병폐입니다. 그놈이 그놈이지요.

아침에 일어나니 푸른 나무로 그늘진 뜰에 여름새들이 지저귀고 있더군요. 부채를 들어 책상을 치며 외쳤지요. "이게 바로 내가 말하던 '날아갔다 날아오는' 글자요, '서로 울고 서로 화답하는' 문장이구나. 아름답고 폼나는 걸 문장이라고 부르는 것이니 이보다 더 훌륭한 문장은 없으리라. 오늘 나는 진짜 글을 읽었구나!"

→ **살아 있는 글을 쓰라.**

말똥구리는 자기가 굴리는 말똥을 사랑하지. 용이 가진 여의주 따위는 조금도 부러워하지 않는다네. 그럼 용은? 용 또한 여의주를 가졌다고 말똥구리를 비웃지는 않는다네.

→ **남이 아닌 자기의 글을 쓰라.**

공부란 별 게 아니다. 하나를 하더라도 분명히 하는 것이다. 집 한 채를 짓더라도 제대로 지으며, 그릇 하나를 만들더라도 제대로 만들며, 물건을 살피더라도 제대로 살피는 것, 이것이 바로 공부다.

→ **꼼꼼하게 살피고 쓰라.**

옛글을 모방하여 글을 쓰기를 거울이 형체를 비추듯이 한다면 과연 비슷할까? 왼쪽과 오른쪽이 사실은 반대인데 그게 과연 비슷한 것일까? (……) 서로 같은 것을 말할 때 흔히 꼭 닮았다고 하고 차이를 구별하기 어려운 것을 말할 때 흔히 진짜에 아주 가깝다고 말한다. 하지만 과연 그런가? 그 말들엔 이미 가짜이며 다르다는 뜻이 들어 있다.

→ **가짜가 아닌 진짜를 쓰라.**

이 장을 마무리하기 전에 박지원이 책을 빌려주지 않는 이에게 (아마도) 붉은 글씨로 후다닥 써서 보낸 편지를 한 통 첨부한다. 가문의 영화가 영원히 이어질 줄 아느냐는 저주가 가득 담긴, 괴중년 박지원답게 통쾌한 (받는 사람은 어처구니가 없었을) 편지다. 자조적 분위기가 흘러넘치는 우리 만주와는 발상부터 다르다.

그대는 고서를 많이 쌓아 놓기만 하고 절대로 빌려주지 않는군요. 사람이 어찌 그리 빗나갔습니까? 자손 대대로 전하고 싶어서 그러는 겁니까? 뭘 잘 모르는군요. 천하의 물건이 대대로 전해지지 못하는 것이 이미 오래되었습니다. 요순도 전하지 못하고 하·은·주, 세 나라도 지키지 못한 천하를 진시황제가 대대로 지키려 했지요. 결과가 어찌 되었는지는 잘 알겠지요. 그래서 그를 어리석다고 하는 겁니다. 진시황도 못 지켰는데 그대는 몇 질의 서적을 대대로 지키고자 한다? 이

어찌 빗나간 짓이 아니겠습니까?

책이란 일정한 주인이 없는 법입니다. 착한 일을 즐기고 공부를 좋아하는 사람이 갖기 마련입니다. 후손들이 어질고 공부를 좋아하면 깊숙이 감춰 놓은 책들도 다 지켜 낼 것입니다. 후손들이 완악하고 게으르면 말하나 마나입니다. 천하도 못 지키는데 무슨 수로 책을 지켜 냅니까? 공자께서는 남에게 말을 빌려주지 않는 것도 슬퍼하셨지요. 그런 마당에 책을 가진 자가 남에게 빌려주지도 않는다면 장차 어쩌자는 말씀입니까?

잡지보다 더 폼나는 부록에 대해

우리의 주인공 소년 만주는 박지원이 쓴 글 속에 자신이 풀지 못한 대답에 대한 실마리가 있으리라 생각하고 박지원이 쓴 모든 글, 정확히 말하면 박지원이 쓴 글 중 금전과 친목을 통해 구할 수 있는 글들을 모두 구하기 위해 책 생태계를 이 잡듯 뒤지고, 그러다 깊은 자괴감에 빠지기도 했다. (나쁜 책쾌! 나쁜 장서가 놈들! 더 한심하고 안타까운 건 돈도 백도 없는 우리 아싸 만주!) 그런데 이 과정에서 천만다행히도 뜻밖에 살이 통통한 부록, 쥐 한 마리를 품에 안게 되었다. (우연일 리 없다. 역시 하늘은 스스로 돕는 자를 돕는 법이다!) 대작가 박지원이 자신처럼 미성숙했던, 아니 성숙을 향해 부지런히 달려가던 소년 시절에 대체 어떤 생각을 가지고 살았는지, 또래 소년과 많이 다르던 그 생각이 그의 삶에 어떤 영향을 미쳤는지에 대해 자세히 알게 된 것이다. 요약하자면, 괴중년의 숨겨진 미시 소년사!

자료에 따르면, 뜻밖에도 박지원은 예민한 소년이었다. 어려서도 기골이 장대했고 부릅뜬 두 눈은 괴중년 시절처럼 날카롭고 매서웠으나 그 내면은 부서지기 쉬운 감성으로 가득한, 만주만큼이나 내성적이고 결백한 소년이었다. (단, 자존감 하나는 그 시절에도 하늘을 찔러 아싸보다는 유아독존에 가까웠다.) 백 마디, 천 마디 말보다 더 결정적인 증거를 제출한다.

1753년과 1754년 사이, 내 나이 열일고여덟 살 적에 나는 오랜 병으로 몹시 지쳐 있었다. 가곡, 글씨, 그림, 옛날 칼과 거문고와 골동품 등 여러 잡물에 취미를 붙였다. 사람들까지 불러들여 우스갯소리나 옛날이야기로 마음을 달래려고 백방으로 노력해 보았으나, 좀처럼 답답함을 풀지는 못했다.

박지원이 21세에 쓴 인물 이야기 「민옹전閔翁傳」 중 일부다. 나는 박지원의 소년기 모습이 가장 많이 드러난 자전소설로 여긴다. 「민옹전」의 내용을 사실로 보면, 박지원은 17세 즈음에 이미 병에 걸려 있었다. '오랜 병'이라는 표현으로 보아 병에 걸린 지 적어도 몇 년은 되었을 테고, 증세는 16세 때부터 급격히 악화했을 것이다. H. G. 웰스가 발명한 타임머신을 타고 가 바로 옆에서 관찰한 것도 아닌데 어떻게 16세 때라고 자신 있게 말하느냐고? 다 이유가 있다. 박지원이 16세 때 결혼했기 때문이다. 그렇지, 결혼이 엄청난 스트레스를 일으키기는 하지. 생판 모르던 남이랑 같이 사는 게 쉽지는 않거든. 연애를 오래 했어도 막상 살아 보면 '이게 다 뭔 일?'인가 하고 놀라 자빠질 지경인데, 중매로 결혼한 부부면 말 다 했지.

하지만 박지원의 경우는 우리 주변의 평범한 결혼 이야기와는 거리가 멀다. 우리가 주의를 기울여야 할 인물은 당사자인 남편과 부인이 아니라 장인과 그의 주변 인물들이다.

먼저 박지원의 장인 이보천李輔天. 그는 처사, 즉 과거를 보아 직업 관료의 길을 걷지 않고 평생 집에 틀어박혀 공부에만 몰두한 사람인데 성격이 그야말로 장난이 아니었다. 충실한 기록자 박종채에 따르면, '근엄하고 청렴하고 고결하여 예법으로써 자신을 엄격하게 단속했다'. 주변 인물들, 즉 이보천의 동생 이양천李亮天과 이양천의 절친인 이윤영李胤永과 이인상李麟祥 또한 깐깐하기는 마찬가지였다. 거칠게, 다시 말해 세부를 싹 무시하고 일어난 일은 할 수 있는 한 대충 요약하는 이 글의 특성을 살려 보면 이들은 노론 청류, 즉 당대 최고의 비타협주의

자들이었다. 내가 다른 글에서 이미 써먹은 문장들을 (출처는 비밀!) 허락도 없이 가져와 이들을 소개하자면 이렇다.

그들은 오늘날 국사 교과서에서 열렬히 칭찬하는 영조의 탕평책을 권세에 빌붙는 가짜 선비를 양산하는 최악의 정책이라 비판하며 정계에도 나서지 않았던 골수 노론 당파주의자들이었다.

나 같은 얼뜨기의 엉터리 설명보다는 이들 사상의 핵심이 담겨 있다고 평가받는 그림 한 점을 감상하는 편이 빠른 이해에 더 도움이 되겠다. 그 유명한 이인상의 〈설송도雪松圖〉다.

〈설송도〉를 설명하면서 박희병 선생은 단호 그룹이라는 말을 썼다.[4] '단'릉丹陵 이윤영과 능'호'관凌壺觀 이인상을 주축으로 한 이 그룹은 강직함과 자기 자신에 대한 철저한 단속으로 특히 유명했다. 〈설송도〉는 쉽게 말해 단호 그룹의 캐치프레이즈가 시각적으로 드러난 그림이라 할 수 있다. 눈에 덮여 있는 소나무 두 그루가 전부지만, 타협 불가의 삼엄한 결기를 느끼는 사람이 나만은 아닐 것이다.

다시 본론으로 돌아가자. 박희병 선생이 쓴 단호 그룹의 단단한 호박처럼 단호한 특성은 놀랍게도 소년 시절 박지원이 보

▌ 이인상, 〈설송도〉, 국립중앙박물관 소장.

인 모습과 판박이다. 박종채의 증언을 보자.

> 아버지는 어릴 적부터 말과 의론이 엄격하셨다. 겉으로만 근
> 엄하고 속마음은 그렇지 못한 자나 권력의 오르내림에 따라
> 아첨하는 인간들을 보면 도저히 참지 못하셨다. 그냥 못 넘어
> 가는 이 기질 때문에 남의 노여움을 사고 비방을 받는 일이
> 무척 많았다.

이제 여러분도 박지원의 병세가 16세에 더욱 깊어진 이유를
짐작할 수 있겠다. 안 그래도 예민하고 내성적이며 결백하고,
'권세와 이익'만을 좇는 이들의 겉과 속이 다른 행태에 치를 떨
던 고결하고 자존감 높은 유아독존형 소년 박지원의 성향은 이
보천을 비롯한 주변 인물들과 교류하며 훨씬 더 강화되었다.
그런데 박지원의 상태는 보통 수준이 아니었다. 깐깐 순위 넘
버원을 자랑하던 이보천이 박지원에게 오히려 그러다 다치니
조심하라고 당부까지 한 데서 잘 드러난다. "악을 지나치게 미
워하고 뛰어난 기상이 유별나게 잘 드러나니 그게 참 걱정이구
나."

반론을 제기할 수도 있겠다. 자신과 믿음을 같이하는 이들을
만나 어울리는 건 오히려 행복한 경험이라고, 동호회나 팬 카

폐가 괜히 생기는 게 아니라고, 사람들이 괜히 절에 가고 교회에 가는 게 아니라고. 그래서 온라인 시대에도 오프라인 모임이 꼭 필요하다고 말이다. 일리가 있다. 그런데 왜 나는 박지원의 행복 대신 병세가 더 깊어졌다는 주장을 계속 밀어붙일까? 다시 말하지만 그건 바로 박지원이 소년이었기 때문이다. 소년은 성숙 과정에 있으며 미결정의 존재다. 프로스트Robert Frost의 시 「가지 않은 길The Road not Taken」처럼 두 갈래, 아니 얼핏 보면 두 갈래 같아도 자세히 보면 사방팔방으로 이어지는 여러 갈래 길이 소년의 눈앞에 놓여 있다는 뜻이다. 한 길만 곧장 가는 단순한 삶과는 근본부터 다르다. 내가 쓴 글을 (솔직히 말해 훌륭해서가 아니라 다시 쓰자니 한숨이 나올 정도로 귀찮아서 좀스럽지만) 다시 무단 복제한다.

박지원의 마음에 경박한 세태를 반대하는 그 한 가지 마음만이 있었을까? 그렇지는 않다. 열일고여덟 나이의 영민하고 모범에 대한 강박증을 지닌 소년 지원 앞에는 정반대의 두 갈래 길이 놓여 있었다. 과거에 급제해 관리가 되고 임금에게 충성하는 출사의 길, 자취를 감추고 은둔함으로써 도리어 임금에게 충성하는 처사의 길. 현실과 어쩔 수 없이 타협해야만 하는 출사를 택하자니 처사의 길이 아른거리고, 원리 원칙대

로 사는 처사를 택하자니 출사에 대한 미련이 남았다. 겉으로
는 한없이 강해 보여도 실은 감성이 무척 예민한 소년 지원은
두 갈래 길에서 고민하고 또 고민하다 요즈음이었다면 신경
증이라고 불렀을 병에 걸리고 만다.

초현실 인본주의 심리학자 모모 씨가 진단을 내려 주시지요.

소년 박지원의 고질병은 신경증으로서 주요한 증상은 불면증
입니다. 원인은 출사와 처사에 대한 '엔들리스' 고민입니다.

박지원이 쓴「김신선전金神仙傳」에 등장하는 '울울부득지자鬱
鬱不得志者'라는 표현이 절묘하다. 이 말은 소리 내 읽기만 해도
울울하고 꿀꿀하고 이가 갈리는 느낌 그대로 '지나치게 우울한
나머지 현실에서 의미를 찾지 못하게 된 사람'이라는 뜻이다.
베개에 머리만 대면 곧바로 잠이 드는 순간 슬리핑의 신묘한
기량을 지닌 나로서는 경험한 바가 거의 없는 증상이라 확실히
말하기는 어렵지만, 초현실 인본주의 심리학자 모모 씨에 따르
면 불면증은 단어가 주는 느낌 이상으로 사람을 철저하게 괴롭
히며 지금도 약 없이 고치기가 쉽지 않은 병이다. 그렇다면 수
면제는 당연히 없으며 (『열하일기熱河日記』와『북학의北學議』에 생

생한 사례가 등장하듯) 온갖 가짜 약과 처방이 넘쳐 나던 조선 시대에 산 박지원은 어떻게 불면증을 고쳤을까? 여기서 다시 「민옹전」이 등장한다. 어디에나 은밀한 소문, 지금으로 치면 다크 웹을 떠도는 정보에 밝은 이들이 있는 법. 잠을 못 이루던 박지원에게 누군가 재야의 숨은 실력자 민 옹, 즉 민씨 노인을 추천한다.

민 옹은 기이한 선비로서 가곡을 잘 부르고 이야기를 잘하는데, 말이 거침없고 기묘하여 듣는 사람치고 속이 후련하다고 하지 않는 사람이 없다고 한다.

이 흥미로운 추천 이유에서 우리가 주목해야 할 부분, 행여 박지원이 병에서 헤어나지 못할까 봐 마치 자기 일처럼 주먹을 꽉 쥐고 한 줄 한 줄 집중하며 읽어 나가던 만주가 '이거 엄청나게 중요한 핵심 중의 핵심이로구나.' 하고 형광펜으로 밑줄을 쫙 긋고 쾌재를 불렀을 부분이 드디어 등장한다. 민 옹의 장기는 이야기를 들려주는 것이었다. 그러니까 요즈음으로 치면 이야기 치료사다. 민 옹의 기묘하고도 흥미로운 이야기 치료법이 궁금한 분들은 「민옹전」을 직접 찾아 읽어 보기를 바란다.
민 옹은 전혀 치료사 같지 않으면서도 그 어떤 치료사보다 더 치료사 같은 인물이었다. 과정은 싹 무시하고 결과만 중시하는 이 시대의 아름다운 습성을 따라 다시 말하자면, 민 옹의 치료법은 성공적이었다. 박지원이 민 옹의 이 빠진 입에서 흘러나오는 온갖 잡다한 이야기와 구린내와 엉뚱한 주장을 듣고 믿는 도중에 그만 스르르 잠이 들었기 때문이다. 이 정도라면 방법이 어쨌든 간에 민 옹은 분명히 기량이 대단한 치료사다.

그러나 한 가지 문제가 있었다. 신경증은 지금도 완치가 어렵다. 마음이 허약해지거나 혼자 힘으로 해결하기 어려운 커다란 문제에 직면하면 언제든 다시 나타나 기승을 부리기 마련이다. 박지원의 병도 그랬다. 몇 해 뒤, 그러니까 21세 되던 해에 불면증이 재발했다. 백발백중 치료의 대가 민 옹을 부르면 좋았겠지만, 박지원의 표현대로 '이제 더는 민 옹을 볼 수 없게 되었다'. 그가 이미 세상을 떠난 것이다.

마치 자기 일처럼 열중해서 이 대목을 읽던 우리 만주는 이마를 찡그리며 잔뜩 긴장했겠다. 민 옹마저 사라졌으니 누가 병을 고쳐 주나? 소년 박지원은 이대로 불면증의 늪에 빠져드나? 조선의 거대한 옐로 서브마린은 늪 바닥에 그대로 가라앉고 마나? 하지만, 아니 당연히 박지원에게는 비장의 무기가 있었다. 그는 최첨단 DNA 기술로 민 옹을 부활시켰다. "옹이 나와 함께 주고받은 은어와 우스갯소리, 담론과 풍자를 기록하여

「민옹전」을 지었다.” 부활 운운하는 게 헛소리는 아님을 밝히고 넘어가야겠다. 「민옹전」의 마지막은 이렇다.

내가 그대를 위해 전기를 지었으니 아! 그대는 죽어도 죽지 않았습니다.

자기 일처럼 긴장하며 읽던 만주는 감격해서 「민옹전」을 덮었다. 눈물이 쉬지 않고 흘렀다. 우는 소년 만주는 평소보다 조금 더 못생겨 보였다. 아, 「민옹전」을 쓴 박지원도 우리 만주처럼 펑펑 울지는 않았을 것이다. 당사자도 아닌 독자 만주가 눈물을 바가지로 쏟은 것은 오직 하나, 박지원의 마음에 100퍼센트 공감했기 때문이다. 시대의 불화에 유독 민감해서 얻은 불면증과 이 불면증을 해소하려는 처절한 노력 모두에 100퍼센트 1000퍼센트 공감했기 때문이다. 그리고 울울하고 꿀꿀하고 이가 갈리는 시절의 기록물인 「민옹전」 자체가 너무도 훌륭했기 때문이다. 만주는 천장을 향해 오블라디 오블라다와 언뜻 비슷하게 들리는 국적 불명의 요상한 환호를 내지르곤 곧바로 입을 틀어막았다. 옆집 사람들이 조용히 좀 하라고 소리치지 않는 것을 확인하곤 일기장을 펼쳐 이렇게 썼다. “불면증이 작가를 탄생시켰다.”

뭘 모르는 열혈 독자 소년의 성급한 결론일까? 그렇지 않다. 만주의 평가는 옳았다. 박지원을 세상 그 누구보다 잘 알던, 공식적으로는 처남이었으나 실제로는 관찰자이자 기록자이자 그림자였던 이재성李在誠은 박종채를 앉혀 놓고 그 장엄한 순간에 대해 이렇게 '썰'을 풀었다.

네 아버지는 스무 살 남짓해서 불면증으로 시달린 적이 있으셨다. 밤낮 한숨도 주무시지 못하는 날이 혹 사나흘씩이나 계속된 적도 있는데, 보는 이들이 몹시 걱정했다. 아홉 편의 전傳을 지으신 게 아마 그때였을 것이다. 무료함을 잊고 병을 이기기 위해서였을 것이다.

아홉 편의 전, 즉 아홉 편의 인물 이야기에 대한 설명은 조금 뒤로 미룬다. 지금 여기서는 어쩐지 덩치 큰 박지원에게 밀려 약간은 소외되는 느낌이 드는 우리 주인공 만주에게 사랑스러운 눈길을 주면 좋겠다. 박지원의 글을 모조리 찾아 처음부터 끝까지 읽고 얻은 결과는 기대보다 훨씬 더 훌륭했다. 만주는 멀고 막연하게만 느껴지던 박지원만의 글쓰기 비법, 즉 폼나게 글 쓰는 법을 어느 정도 손에 넣었다고 생각했다. 게다가 인간 박지원에 대해서도 깊이 이해할 수 있게 되었다. 박지원이 처음 글을 쓰게 된 계기는 너무도 박지원다웠고 해결법 (이야기 듣기와 글쓰기라니!) 또한 박지원 자체였다. 감격한 만주는 일기장에 이렇게 썼다.

박지원은 스스로 역경을 이겨 내고 탄생한, 그 누구와도 견줄 수 없는 조선의 대작가다!

하여간 스토커들이란

우리의 주인공 소년 만주는 박지원이 쓴 글을, 순전히 내 생각이시만 박지원 자신보다 몇 배는 더 꼼꼼하게 읽은 뒤 폼나게 글을 쓰는 방법 또는 비법은 물론이고 작가 탄생의 순간까지 정확하게 알아냈다. 지금이라면 평론가가 밟았을 일련의 과정에 눈물 한 바가지와 더불어 박지원의 글에 더 격하게 공감하게 된 만주가 그다음에 한 일은 뭘까?

모르긴 해도 여러분의 추측은 모두 빗나갔을 것이다. 앞에서 본 유한준의 발문 가운데 '알게 되면 참으로 사랑하게 되고'는 흥미롭게도 마치 아들 만주에 대한 예언처럼 들린다. 아니나 다를까 이제 박지원을 향한 만주의 행보가 우리 같은 보통 사람이 보기에는 조금 지나치게 멀리 갔다 싶기도 하다. 예를 들어, 만주의 일기장에 떡하니 적힌 글을 보자.

> 세심정에 올라 흐르는 강물을 보았다. 세심정은 금성위 박명원의 별장이다……. 『연행음청기燕行陰晴記』 한두 책을 보았다. 오호라, 모두 작은 글씨로 쓴 초고본이다. 「열상화보洌上畵譜」도 보았는데 『석농화원』의 계보를 따랐다. 옻칠한 칠현금과 양금, 중국 시인 미불米芾의 자작시 친필본도 보았다.(2, 195~196)

만주는 친절하게도 세심정이 박지원의 8촌 형이자, 영조의 사위이자, 백수 박지원을 중국으로 데리고 가 『열하일기』 탄생 공신으로서 자기도 모르게 숟가락을 얹은 박명원朴明源의 별장이라고 밝힌다. 하지만 이는 교묘한 위장이다. 박종채의 기록을 보자.

> 아버지는 지계공(이재성)과 함께 마포의 세심정에 거처하셨다. (……) 도위공(박명원)은 아버지께서 쓸쓸히 지내시며 마음 붙일 곳이 없는 것을 딱하게 여겼다. 그래서 정자를 내주며 당부했다. "좋은 강산은 좋은 주인이 맡는 게 여러모로 폼이

나겠지!"

이제 좀 감을 잡았겠지? 그러니까 만주가 박지원 글에 대한
탐구 작업을 마쳤을 즈음 세심정을 드나들며 실거주자처럼 쓰
던 사람은 박지원이다. 우리는 만주가 이 사실을 이미 알았음
을 그의 일기에서 확인할 수 있다.

어떤 사람이 세심정에서 피서한 사실을 자랑했다. (사마천司馬
遷의 『사기史記』에 등장하는) 호걸들에 대한 신묘한 주장을 펼치
고 거문고와 생황 연주를 들려주었다.(1. 231)

신묘한 주장을 마음껏 펼치고 거문고와 생황 연주를 라이브
로 들려준 이는 과연 누구겠는가? 당연히 박지원이다. 그러니
만주는 박지원이 그즈음 세심정에서 많은 시간을 보낸다는 사
실을 알고 방문한 것이다. 하지만 문장에서 느껴지듯, 당당한
방문은 아닌 것 같다. 어딘가 좀 구린 구석이 있다. 그렇다. 이
상하게도 박지원을 만났다는 말이 전혀 없다!
상식적으로 생각해 보자. 픽션이라고 당당히 밝혔으나 갈수
록 장르가 도통 불분명해지는 (그래도 난 여전히 픽션이라고 생각하
는) 이 글은 우리의 주인공 소년 만주가 즐겁게 노래를 부르며

대작가 박지원을 만나러 가는 장면에서 시작했다. 만주는 아버지의 편지를 전하러 간다는 공식적인 목적이 있었지만 실은 평소 동경하던 박지원을 만나 폼나게 글 쓰는 법을 알아내겠다는 지극히 개인적인 목적에 따라 움직였다. 요약하자면 박지원을 만날 기회가 있으면 절대 놓치지 않겠다는 굳은 심사가 저절로 느껴졌던 것! 하지만 세심정에서 일어난 상황은 어떤가? 조금 과장하자면 일부러 박지원이 없는 날을 골라 방문했다는 혐의마저 느껴진다. 워워 잠깐만, 이와 비슷한 장면을 다른 소설에서 읽은 적이 있다. 제목이 뭐더라……? 그렇지, 『오만과 편견』이다. 주인공 엘리자베스가, 다아시의 저택을 구경하러 가자는 외숙모의 제안이 썩 내키지 않는다. 이유는 간단하다. 다아시를 만날지도 모르기 때문이다. 하지만 엘리자베스가 곧 마음을 바꿔 먹는데, 그건 다아시가 저택에 없다는 말을 들은 이후다. 소설이나 영화를 접하지 않은 분들, 사랑 따위는 안 해본 고결한 분들이라면 엘리자베스가 다아시를 싫어한다고 추측할지도 모르겠다. 과연 그럴까? 다아시의 저택에 들어선 엘리자베스의 태도를 한번 보라.

엘리자베스는 외삼촌 내외와 마차를 타고 가면서 좀 불안한 마음으로 펨벌리 숲이 나타나기를 기다렸다. 마침내 마차가

대정원 안으로 접어들자, 마음이 크게 동요했다. 대정원은 상당히 넓었고 지형도 매우 다양했다. 여러 입구 중에 가장 낮은 곳을 통과한 마차는 넓게 뻗어 있는 아름다운 숲을 가로지르며 한참을 달렸다. 엘리자베스는 대화를 나누기 어려울 정도로 머릿속이 꽉 차 있었지만, 경치 좋고 전망 좋은 곳이 나타날 때마다 구경하고 감탄했다.[5]

엘리자베스가 부동산에 관심이 있어서 넓은 땅을 보고 마음이 설레지는 않았을 것이다. 이유는 하나, 다아시의 흔적이 느껴지는 곳이라는 사실이다. 자, 우리 만주도 엘리자베스와 똑같은 반응을 보인다. 무슨 말인가 하면, 주인 없는 세심정에서 무척이나 즐거워한다는 점이다. 왜? 박지원의 흔적이 묻은 곳이니까.

내 사인 한 장 걸고 깜짝 퀴즈, 만주가 보았다는 『연행음청기』는 어떤 책일까? 3, 2, 1, 땡! 우리가 『열하일기』로 알고 있는 책이다. 그럼 「열상화보」는? 3, 2, 1, 땡! 앞서 말한 『석농화원』과 깊이 관련된 『열하일기』의 한 장으로 우리 눈에는 암호와 다를 바 없는 (『열하일기』의 현대 독자 100명 중 99명은 읽지 않고 그냥 넘어갔을) 그림 목록만 쭉 나열되어 있다. 이제 좀 상상이 되나? 만주는 박지원이 직접 쓴 『열하일기』 초고본을 마주하고는 어린애처럼 흥분하고, 박지원의 무지막지한 손길이 닿았을 악기를 조심스럽게 쓰다듬으며 슬쩍 눈을 감는다. 서양에 엘리자베스가 있다면 우리에겐 만주가 있다!

조금은 변태스럽게까지 느껴지는 이 행동을 나는 스토-커라는, 입 안에서 부드럽게 굴리기엔 조금 불편한 단어로 설명하고 싶다. 전례에 따라 『고려대 한국어대사전』의 정의를 살펴보자면 스토커는 '상대방의 의도와는 상관없이 고의적으로 쫓아다니면서 상대방에게 위협을 가하는 사람'이다. 물론 만주가 박지원에게 위협을 가할 의도가 있었다고 보기는 어렵기 때문에 만주를 사전의 정의에 부합하는 스토커, 위험한 스토커라 보기에는 무리가 있다. 하지만 스토커들이 높은 빈도로 자신이 쫓아다니는 사람이 소유한 물건에 집착하며 그 사람 앞에서는 오히려 잔뜩 움츠러들어 말을 제대로 잇지 못하는 경향이 있다는 점까지 더해 보면, 만주를 박지원의 준스토커로 정의하는 게 크게 무리는 아니다.

반론을 제기하고픈 마음이 굴뚝같다는 건 나도 잘 안다. 하지만 내 노력으로 어렵게 확보한 지면이므로 우선 내 주장부터 들어 보시길. 우리의 주인공 소년 만주에게 스토커 기질이 있다는 증거는 세심정 건 말고도 여럿이다. 이를테면 일기장에 적힌 이런 글.

『삼한총서三韓叢書』가 끝을 보게 되면, 반드시 후세에 전할 만한 책이 될 것이다. 대략 그 범례를 살펴보니 중국의 서적 가운데 우리나라의 일과 관련된 구절을 모두 가져와 모은 것이다.(1. 232~233)

박종채에 따르면『삼한총서』는 '중국과 우리나라의 문헌에 다 같이 실려 있거나 중국과 우리나라에 함께 관련된 사실들을 뽑아내어 하나의 총서로 만들고자 한' 박지원 일생일대의 야심찬 기획이었다. 하지만 대충 듣기에도 워낙 거대한 기획이라 박지원은 목록만 기록했을 뿐 끝내 완성하지는 못했다.『삼한총서』의 미완성에 대한 아쉬움은 일단 접어 두자. 우리의 관심은 역시 만주가『삼한총서』에 대해 놀랍도록 징확히 알고 있었다는 점으로 향한다. 인터넷도 없던 시절 한 인간이 품은 일생일대의 계획을 이토록 정확히 파악하고 있다는 건 무엇을 뜻하는가? 이해하기 쉽게 바꿔서 말해 볼까? 내가 몇몇 친구에게만 밝힌 내 두 자릿수 아이큐를 옆집 소년이 알고 있다면? 박지원의 일거수일투족에 대해 스토커적인 관심이 있었다는 것 말고는 설명할 길이 없다. 아직도 고개를 끄덕거리기 힘들다면 이건 어떤가? 나는 그야말로 빼도 박도 못할 결정적인 증거라고 생각한다.

이 사람을 저의 글쓰기에 주인공으로 끌어들인다면 의미 있고 멋질 겁니다.(1. 234)

'이 사람'은 두말할 것도 없이 박지원이다. 무슨 뜻인가? 요즈음 말로 하면 박지원을 주인공으로 한 팬픽을 쓰겠다는 것이다. 경기를 끝내기에 충분한 결정타지만, 만주가 스토커였다는 증거는 아직도 한참 있다. 박지원 글에 대한, 거의 넋을 놓은 듯한 일방적인 찬탄은 기본이고 사마천과 김성탄金聖嘆 등 박지원이 즐겨 읽던 작가들을 모조리 자신의 즐겨찾기 목록에 옮겨 붙인 것도 빼놓을 수 없겠다. 하지만 이 자리에서는 앞서 미뤄 둔 아홉 편의 인물 이야기, 있어 보이는 표현을 쓰자면 『방경각외전放璚閣外傳』이라 불리는 글에 대해 만주가 아버지와 나눈 대화를 중점적으로 탐구해 보기로 한다. 만주의 스토커 기질은 물론이고, 이 글의 주제인 폼나게 글 쓰는 법과 관련해서도 무척 중요한 부분이라 생각되므로.

피라미드보다는 조금 덜 흥미로운
『방경각외전』의 비밀

아버지를 모시고『방경각외전』을 읽었다.(1. 233)

모월 모일 만주가 쓴 일기에 등장하는 문장이다. 짧은 한 줄이지만 제대로 알려면 지리산을 종주하는 것만큼이나 힘겹게 노력해야 한다. 우리는 이 글의 일관된 방침에 따라 지리산 전체를 커버하는 가상의 케이블카를 타고 위에서 대충대충 편하게 살펴보자.

박지원은 1772년, 즉 30대 중반에 백탑 동네(지금의 탑골공원)에서 전의감동(조계사 앞 옛 우정국 부근)으로 이사해 7, 8년 정도 살았다. 지금 우리 관점에서는 별로 크지도 않은 집 안 곳곳에

"어이쿠 뭐 이런!" 하고 건물 스스로 손을 저으며 사양할 만큼 분에 넘치는 이름을 붙이는 게 대유행하던 시절이라 박지원도 뻔한 집구석에 방경각이니 영대정이니 하는 이름을 붙였다. 이 시기 박지원은 그간 쓴 편지와 글을 정리해 책을 몇 권 엮었다. 그중 대표적인 것이 편지집 『영대정잉묵映帶亭賸墨』과 지금 우리가 다루는 『방경각외전』이다. 『영대정잉묵』은 1772년 10월에 완성했다고 박지원 본인이 직접 밝혔으니 『방경각외전』의 완성 시기도 빠르면 그즈음, 늦어도 몇 해 정도 뒤로 보는 게 합리적이겠다.

쉬운 결론이 늘 그렇듯 여기에도 함정이 있다. 앞서 밝혔듯 『방경각외전』에 속한 작품인 「민옹전」은 박지원이 21세 때, 즉 1757년에 집필했다. 고소설 전문가 이민희 선생의 견해를 가져오자면 「광문자전廣文者傳」은 첫 작품으로 17세 때, 「마장전馬駔傳」과 「예덕선생전穢德先生傳」은 19세 때, 「양반전兩班傳」은 28세 때, 「김신선전」은 29세 때, 제목과 대략의 내용만 전하는 「역학대도전易學大盜傳」과 「봉산학자전鳳山學者傳」은 30세 때, 천재 시인 이언진李彦瑱을 다룬 「우상전虞裳傳」도 대략 30세 (1766) 즈음에 집필되었다.

무슨 뜻인가? 글을 쓴 시기와 책으로 완성한 시기가 짧게는 6년, 길게는 20년 가까이 차이가 난다는 뜻이다. 1, 2년 사이에도 확확 바뀌는 게 사람의 생각이다. 작가가 대개 그렇듯 박지원은 젊은 시절에 쓴 작품들을 책으로 엮기 위해 꼼꼼하게 다시 읽었을 테고 "뭐 이런 싸다 만 개똥 같은 글이." 하고 한숨 쉬며 적지 않은 내용을 마구 바꿨을 가능성도 있다. 그러나 지금 우리가 박지원의 가필과 편집이 어느 정도 수준이었는지 확인할 길은 없다. 어떤 작가는 한번 끝낸 작품에 절대 손대지 않기도 한다. 「예덕선생전」은 다른 경우다. 「예덕선생전」을 이끌어 가는 인물이 선귤자인데, 선귤당이라는 호를 쓴 이덕무로 생각된다. 박지원과 이덕무는 「예덕선생전」이 1차 완성되었던 10대 시절에는 아직 교문이 없었다. 둘이 만난 건 1768년경이라는 연구 결과를 받아들이면 아마도 박지원이 이미 쓴 글을 다시 읽으면서 등장인물의 이름을 바꾸지 않았나 싶다. 물론 이 또한 추측일 뿐이다. 선귤자蟬橘子, 즉 매미와 귤 마니아가 꼭 이덕무라는 법은 없으니까. 나도 귤은 무척 좋아한다. 매미는 별로지만. 여기는 근엄한 학자 분들을 모시고 『방경각외전』을 정밀하게 파헤치는 자리가 아니니까, 방구석에서 이 글을 읽는 여러분은 골치 아픈 지식은 다 잊고 그저 이렇게만 알면 되겠다. 『방경각외전』에는 대작가 박지원이 초년 시절에 쓴 총 아홉 편의 인물 이야기가 실려 있다고만 말이다.

약간은 오지랖이 넓은 기록자이자 아버지의 평가에 유난히,

때론 지나치게 민감한 박종채가『방경각외전』에 대해서도 예외 없이 의견을 남겼는데, 그 의견이 꽤 흥미롭다.

세상의 벗 사귐은 오로지 권세와 이익만을 좇았다. 여기에 붙었다 저기에 붙었다 하는 세태가 더럽게 꼴불견이었는데, 아버지는 젊을 때부터 이런 세태를 미워하셨다. 그래서 아홉 편의 전을 지어 세태를 풍자하셨는데 그 속에는 가끔 우스갯소리가 들어 있다.

여기까지는 뭐 별문제가 없어 보인다. 박종채가 증거자료 삼아 첨부한 박지원의 '시적인 서문'의 내용과 크게 다르다고 보기는 어렵다. 이야기가 장황해지는 것 같아 이 예술적인 서문은 훌쩍 건너뛸 테니 시와 예술에 관심 있는 분들은 당연히 다 갖고 있을(!)『연암집』을 직접 뒤적여 확인하길 바란다. 내가 흥미롭다고 한 부분은 그 뒤에 나온다. 박종채는 세상의 독법을 우려하며 이렇게 썼다.

이 전들은 그 체재가 장난삼아 지은 것처럼 보인다. 식견이 없는 자는 우스갯소리로 지은 글로만 알고, 식견이 있는 자라하더라도 얼굴을 찡그렸다.

그리고 이어지는 글을 보면 세상 사람들이 문제 삼은 건 네티즌 선정 인기 순위 원, 투, 쓰리인 「예덕선생전」, 「광문자전」, 「양반전」 그리고 위선적인 유학자를 비판한 의도가 지나치게 뻔히 드러나 있는 「역학대도전」(박희병 선생이 머리에 팍팍 들어오게 붙인 제목은 '학문을 팔아먹는 큰 도둑놈전')과 「봉산학자전」으로 보인다. 박종채는 아버지를 아버지보다 더 잘 알던 미스터 왓슨 이재성의 의견을 내세워 세상 사람들의 평가에 대한 반박을 시도한다. 그런데 내가 보기엔 이 반박이 좀 떨떠름하다.

이재성은 풍자의 대상으로 삼던 이가 세상을 떠난 이후 쓸데없는 명성 얻는 일을 피하려고 박지원 본인이 직접 「역학대도전」을 불태웠으며 「봉산학자전」도 그즈음 없었다고 증언한다. 이재성은 또한 인기 순위 원, 투, 쓰리 작품들은 젊었을 때 심심함을 타파, 격파하려고 지었으니 왈가왈부할 필요도 없다고 말한다. 이어서 이재성은 우리가 앞서 살핀 박지원이 작가가 된 이유로, 즉 무료함을 잊고 병을 이기기 위해 아홉 편의 인물 이야기를 썼을 뿐이라고 주장한다. 여러분의 생각은 어떤지 궁금하다. 내가 왜 떨떠름하다고 했는지 이해가 되는지?

내 생각에 박종채와 이재성은 『방경각외전』에 대해 철저하게 변명으로 일관한다. 작품 자체는 거의 언급하지 않은 채 문제가 된 작품은 불태우거나 없애 버렸으며 세상에서 인기를 끄는 세 작품은 심심하고 또 심심해서 쓴 글 이상으로는 볼 수 없다고 주장한다. 박종채의 결론은 이렇다.

지으신 뜻을 깊이 헤아리지 못하고 다만 장난삼아 지은 글로만 (아버지의 뜻을) 읽는다면 이 어찌 아버지를 제대로 안다고 할 수 있겠는가?

물론 박종채에게도 이유는 있다. (스카이콩콩을 기억하라!) 박지원이 워낙 참신하게 톡톡 튀는 글을 많이 써서 그가 죽은 뒤에도 세상의 시선은 여전히 곱지 않았기 때문이다. 아버지의 고귀한 작품 세계와 고매한 인격을 고개 숙이고 두 손으로 떠받드는 박종채의 효성이 갸륵하게 느껴지지만, 다른 한편으로는 이런 생각이 들기도 한다. 박종채는 과연 아버지의 글을 제대로 읽었을까?

내가 박종채의 충정 가득하나 지나치게 단순(무식까지는 아닌 듯)한 견해, 작품의 내용보다 세상의 평가에만 신경 쓰는 견해에 알레르기성 반응을 보이는 것은 박종채와 이재성보다 『방경각외전』을 더 잘 읽은 이들이 있기 때문이다. 우리의 주인공 소년 만주와 유한준이 바로 그들이다. 아버지와 아들이 같이한 사랑방 독서 모임에서 아버지가 먼저 이야기를 꺼내는 건 당연한 순서일 터, 유한준이 『방경각외전』을 읽은 소감을 톰 크루즈를 닮은 목소리로 이렇게 밝힌다.

이것은 하나의 기이한 글이다. 중인과 서얼과 일반 백성들 사이에 있었던 이상하고 별난 일들을 잡다하게 취재해서 찬찬히 논하고 그 모습을 그려 낸 것이 이렇게 핍진하여 절로 예스런 문장을 이뤄 냈다. 하늘이 주신 기이한 재주가 아니라면 그렇게 할 수 있겠느냐?(1. 233~234)

처음 이 글을 읽었을 때 지진 난 땅 위에 선 것처럼 큰 충격을 받았다. 박종채의 글을 통해 유한준을 접한 나는 유한준을 예의범절도 모르는 모리배 정도로 알고 있었기 때문이다.

아버지가 중년 이후 매일같이 비방을 받은 것도 모두 이자(유한준)가 뒤에서 조종하고 사주한 것이다. (……) 아아, 이 얼마나 음험한 자인가? 이자는 우리 집안 100대의 원수다.

다행스럽게도 두 집안의 원수 관계가 100대까지 이어지지는 않았음을 밝힌다. 박지원의 손자이며 박종채의 아들인 박규수朴珪壽(제너럴셔먼호 사건의 책임자)와 유한준의 후손 유길준兪吉濬

(『서유견문西遊見聞』의 지은이), 두 사람이 화해의 악수를 폼나게 나눴다는 사실.

다시 본론으로 돌아가자. 나는 무엇보다 박종채의 견해가 워낙 강하게 머리에 박혔기 때문에, 『방경각외전』을 높이 평가한 사람이 정말 내가 알던 그 유한준인가 싶었다. 『방경각외전』의 정수를 꿰뚫은 이 놀랍고도 예리한 소감은 만주의 일기에 등장한다. 일기라는 장르의 내밀한 특성을 고려하면, 다른 사람의 시선에 신경증적으로 민감한 박종채의 대외 해명에 가까운 글보다 신빙성이 더 높으면 높지 낮지는 않을 것이다. 사실은 나도 『방경각외전』을 읽고 유한준과 비슷한 느낌이 들었다. 나는 박지원이 그토록 열망한 법고창신法古創新, 옛날과 지금이 행복하게 합체된 꿈을 자기도 모르는 사이에 이룬 인물 이야기집이라고 말하고 싶다. 인물은 살아 있고, 이야기는 흥미롭고, 방향은 참신하다. 박종채가 걱정한 게 도대체 뭔지 잘 모르겠다. (세상의 평만 염려한 나머지 진수를 놓친 게 아닐까? 방어에만 급급할 게 아니라 좀 더 공격적으로 나가야 하지 않았을까? 공격이 최선의 방어라는 말도 있지 않느냐는 말이다.) 박종채의 평가대로라면 집안의 철천지원수인 유한준은 식견이 없는 자 중에서도 단연 으뜸일 것이다. 그런데 『방경각외전』에 대한 평가에서 드러나듯, 유한준을 식견 없는 자라고 일방적으로 매도하는 게 과연 올바른가 싶다. 진실은 뭘까? 나도 박지원을 참 좋아하지만······. 음, 심하게 헷갈린다. 자, 그렇다면 박지원빠인 우리의 주인공 소년 만주는 아버지의 훌륭한 선빵에 대응해 어떤 소감을 내놓았을까?

이 글은 독자를 움직이는 힘이 넉넉하고 옛사람이 남긴 문장을 그대로 본받아 좇는 법이 없습니다. 이 점이 가장 따라잡기 어려워요.(1. 234)

아버지와 함께한 방구석 문학평론 자리에 알맞은 수준의 모범적인 말이다. 적당히 보조를 맞추고, 적당히 치켜세우고. 물론 곧바로 본색을 드러내기도 한다. 앞에서 만주의 스토커 기질을 말할 때 인용한 글이 바로 여기에 등장한다.

이 사람을 저의 글쓰기에 주인공으로 끌어들인다면 의미 있고 멋질 겁니다.(1. 234)

참고로 유한준의 적확한 박지원 평가, 즉 '글은 뛰어나지만, 사람이 몹시 잡스러우니 안타깝다'는 것도 『방경각외전』을 논하면서 나왔음을 밝히고 싶다. 이 두 사람과 박지원의 관계에서 『방경각외전』이 차지하는 비중을 알 수 있다. 말이 나온 김에 박지원에 대한 만주의 놀라운 진술도 살펴보고 넘어가자.

> (박지원 선생은) '유희'라는 것 하나를 평생의 공부로 삼았다. 맑은지 혼탁한지, 고상한지 비속한지, 순수한지 잡된지를 논하지 않고 유희와 관련된 것이라면 하나같이 몸소 간여했다. 이에 어린이들의 술래잡기 놀이도 괜찮고, 창녀가 음란함을 가르치는 자리라도 괜찮고, 글을 짓는 고상한 유희의 자리도 괜찮고, 길에서 잡극을 펼치는 자리도 괜찮다 했으니 유희라면 안 될 것 없었다.(1. 233)

이 얼마나 아름답고 황홀한 평인가? 누가 내 글을 보고 이렇게 평해 줬다면 그 사람 집에 매일 찾아가 바닥에 비단을 깔고 큰절이라도 했겠다. 박종채의 평면적인 평가와 뚜렷하게 대비된다. 마치 만주가 박지원의 아들 같다. 아버지 자신보다 아버지에 대해 더 잘 아는 사람은 아들일 테니까. 도대체 이 놀라운 차이는 어디에서 오는 것일까? 글을 제대로 읽었는지 읽지 않았는지에 달려 있다고 감히 말하고 싶다. 지면도 소비할 겸 박지원의 글을 인용한다.

공명선이 증자에게 배울 때의 일이다. 3년 동안이나 글을 읽지 않기에 증자가 그 까닭을 물었다. 공명선의 대답은 이랬다. "선생님께서 집에 계실 때나 손님을 응접하실 때나 조정에 계실 때를 보면서 그 처신을 배우려고 하였으나 아직 제대로 배우지 못했습니다. 제가 어찌 감히 아무것도 배우지 않으면서 선생님 문하에 머물러 있겠습니까?"

글을 잘 읽은 소년 만주는 바로 며칠 후 감히 아버지 앞에서는 차마 밝히지 못한 진심을 일기장에 꾹꾹 눌러쓴다. 폼나게, 더 폼나게, 더 더 더 폼나게 글을 쓰고 싶다는 만주의 열망과 그 열망에 못 미치는 현실에 대한 자괴감이 모두 드러난 아름답고도 슬픈 고백이다. 만주가 곁에 있다면 안아 주고 싶은 마음이 저절로 드는 문장, 소년다운 마음이 줄줄이 아로새겨진 문장.

숨어 있는 일들을 찾아내어 기이한 이야기로 풀어내는 점에서, 나는 도무지 『방경각외전』을 따라잡을 수 없다. 박지원과 나 사이의 영묘하고 아둔한 차이가 이렇게 현격하다. 그 간격이 어찌 열 겹에 그칠 뿐이겠는가?(1. 234)

클리닝 타임

자, 우리는 꽤 열심히 달려왔다. 야구로 치면 5회를 마친 셈이다. 클리닝 타임이 되었으니 (음악을 각자 알아서 틀고) 리듬에 맞춰 몸을 풀며 지금까지 한 이야기를 정리해 보자.

우리의 주인공 소년 만주는 존경하는 대작가 박지원에게 폼나게 글 쓰는 법을 알려 달라고 간절히 부탁했다. 박지원은 꼭 작가 같은 표정(알 만한 사람은 다 아는 표정)을 짓고는 예가 어쩌고저쩌고하는 대답을 허공에 날린 뒤 주먹을 쥐며 파이팅이라고 화끈한 격려까지 해 주었다. 집으로 돌아온 만주는 대작가가 선문답 또는 뜬구름 잡는 식으로 밝힌 폼나게 글 쓰는 법을 그가 쓴 글에 대한 값비싼 수집과 진지한 독서 작업을 통해 살아 숨 쉬는 세부 규칙들로 바꿨다. 이 와중에 신경증 소년 박지원이 작가 박지원으로 거듭나게 된 결정적인 사건까지 알아내는, 보기에 따라서는 본론보다 더 중요할 수도 있는 뜻밖의 실적을 거두었으며 알게 되면 오토매틱 사랑에 빠진다는 유한준의 제1법칙에 따라 박지원을 의식적·무의식적으로 전보다 더욱더 사랑하고 존경하게 되었다. 만주만의 조금은 독특한 (굳이 집과 착이라는 글자를 붙이고 싶지 않은) 방법으로.

그럼 이제 할 일이 뭘까? 겨우 스토커가 되려고, 남의 뒤나 쫓아다니려고 오랫동안 어려운 작업을 하진 않았을 것이다. 그렇다. 잊지 말자. 우리 만주에겐 무지갯빛 꿈이 있다. 새로 얻은 지식과 감동을 제대로 활용해 폼나게, 더 폼나게, 더 더 더 폼나게 글을 쓰는 것!

2부

남의 일기는 몰래 봐야 제맛

이야기를 더 진행하기 전에 확실히 해 두고 싶은 것이 있다. 박지원에게 폼나게 글 쓰는 법을 알려 달라고 애타게 부르짖으며 호소하기 전에도 만주는 이미 글을 쓰는 소년이었다는 사실. 그것도 매일같이, 즉 프로를 꿈꾸는 성실한 아마추어 마라토너처럼 하루도 쉬지 않고 붓을 달리는 대단히 훌륭한 습관이 있는 소년!

내 말을 그저 만주가 글을 꽤 열심히 썼다는 정도의 일반적인 표현으로 알아먹는 분들도 있겠다. 그런데 그 정도가 아니다. 우리의 주인공 소년 만주는 생의 어느 시점부터 단 하루도 빼놓지 않고 매일 글을 썼다. 감탄스러우면서 의심스럽기도 하다고? 작심삼일은 만고불변의 진리 아니냐고? 더군다나 볼 빨간 사춘기 소년이라면 하루에도 몇 번씩 관심사가 바뀌기 마련 아니냐고? 감탄은 계속해도 좋으나 의심은 즉각 중단하시길. 만주의 매일 글쓰기는 틀림없는 사실이다. 왜? 만주는 매일매일 글을 쓰는 게 유난히 중요한 미덕으로 인정받는 장르, 즉 일기 마니아였으니까. (지금껏 인용한 만주의 글을 모두 일기장에서 훔쳐 왔다는 사실. 이미 한참 전부터 안 분들이 있으리라 믿는다.) 마니아답게 일기에는 그럴듯한 서문까지 있다.

사람이 세상에 태어나면 누구든 어떤 일을 겪게 된다. 그 일들은 한순간도 그치지 않고 언제나 나의 몸에 모여들기 때문에 날마다 다르고 달마다 다르다. 이처럼 내가 겪게 되는 일들은 시간이 얼마 지나지 않았을 때는 자세히 기억나지만, 조금 오래되면 흐릿해지고, 멀어지고 나면 잊어버리게 된다. 그런데 일기를 쓰면 오래지 않은 일은 더욱 자세히 기억나고 조금 오래된 일도 흐릿해지지 않으며 이미 멀어진 일도 잊어버리지 않게 된다.(1. 7)

조선일기쓰기협회나 건망증예방협회가 있었다면 만주의 사진, 아니 (만주의 외모를 생각하면 반드시 포토샵의 힘을 빌린!) 초상과 함께 이 글을 홈페이지 첫 화면에 실었을 것 같다. 머리와 마음이 모두 흐릿해지는 (착각이길 바라 마지않는) 증상에 자주 시달리는 나 같은 정신머리의 사람에게 '그럼 나도 당장 오늘부터 일기나 한 줄 써 볼까' 하고 고민하게 만드는 훌륭한 설득의 글이다. 혹시나 하는 마음이 들어 이태준李泰俊의 그 유명한 (문장을 강화强化해 줄 것 같은)『문장강화文章講話』를 펼쳐 보았더니 역시나, 꼼꼼한 사람답게 일기 쓰는 법도 알려 준다. 이태준은 지극히 사적인 일기를 쓰는 법도 배워야 한다고 생각한 작가다. 잘 배워서 쓰고 고치고 또 쓰고 고치고 또 쓰면 결국 잘 쓰게 된다고 믿은 부지런하고 성실한 작가다. 그의 첫 단편소설집『달밤』의 서문을 보자.

자꾸 고치자! 나는 여간해선 자기가 만족할 수 있는 작품을 내어놔 보지 못할 것을 깨달았고, 그 대신 기회만 있으면 평생을 두고 고칠 것을 결심하였다.[6]

대충 끝내고 돈이 되는, 아니 될 것 같은 다른 글이나 서둘러 쓰자는 내 생각과 어찌나 다른지……. 다시 본론으로 돌아가자. 흥미로운 건 이태준이『문장강화』에서 소개하는 일기 쓰는 이유가 만주의 이론과 꽤 비슷하다는 점이다.

누구나 그날이 있고 그날 하루의 생활이 있다. 그날은 자기 일생의 하루요, 그날 하루의 생활은 자기 전 생명의 한 토막이다. 즐겁거나, 슬프거나, 즐겁지도 슬프지도 않거나, 그날의 하루를 말소하지는 못하는 만큼 그날이란 언제 어느 날이든 자기에게 의의가 있다. (……) 누구나 그날그날의 잊어버리기 아까운, 의의 있는 생활을 기록하는 것이 일기이다.[7]

고쳐쓰기를 대전제로 내세우는 강력한 문장 전도사 이태준이 같은 책에서 소개한 일기 쓰기의 장점 또한 그럴듯하다. 역시 이태준!

첫째, 수양이 된다.
둘째, 문장 공부가 된다.
셋째, 관찰력과 사고력이 예리해진다.
그러므로 일기는 훌륭한 인생 자습이라 할 수 있다.

인생 자습이라니, 이렇게 놀라운 장점을 읽고도 당장 일기 쓰기를 시작하지 않는 사람은 인생을 제대로 살고 싶은 의욕이 아예 없는 인간이라고까지 말하고 싶어진다. 여러분, 하루를 살아도 제대로 삽시다. 예습, 복습, 자습을 꼭 하고요. 저는…… 한 가지도 하지 않은 바람에……. 일기 찬양은 이쯤 해두자. 아무래도 우리의 관심은 이태준이 두 번째 장점으로 내세운 문장 공부로 간다.

생각이 되는 대로 얼른얼른 문장화하는 습관이 생기면 글을 쓴다는 게 새삼스럽거나 겁이 나지 않는다. 더구나 일기는 남에게 보이려는 목적이 아니기 때문에 쓰는 데 자유스럽고 자연스러울 수 있다. 글 쓰는 것이 어렵다는 압박을 받지 않고 글 쓰는 공부가 된다.[8]

그렇다면 우리의 주인공 만주는 떠오르는 생각을 얼른얼른 문장화해 얼마나 자유롭고 자연스러운 일기를 완성했는지 잠깐 살펴보기로 한다. 일반적으로 남에게 보이려고 쓰는 게 아닌 일기를 주인 허락 없이 슬쩍 보는 게 좀 뭐하기는 하나, 우리한테는 박지원에게 절박하게 호소하기 전 만주의 글쓰기 솜씨가 대략 어땠는지 점검한다는 공적인 목적이 있으니까 사생활 침해에 대한 마음의 짐은 잠시 내려놓자. (솔직히 이미 슬쩍슬쩍 해 오던 일이기도 하다.) 또한 '자유롭고 자연스러운 일기'의 속성에 어울리게 일기장을 휙휙 넘겨 가며, 로또 번호 뽑듯 내 눈에 들어온 몇몇 구절을 되는대로 인용했다는 걸 미리 알려 둔다. 그러니까 특별히 잘되거나 엉망인 구절을 일부러 고른 건 절대 아니라는 뜻이다. 설명은 이만 줄이고 일기장으로 고고!

누군가 물었다. "세상에서 가장 큰 게 무엇인가?" 나는 마음이라 말할 것이다.

누군가 물었다. "세상에서 가장 무거운 게 무엇인가?" 나는 마음이라 말할 것이다.

누군가 물었다. "세상에서 가장 곤란한 게 무엇인가?" 나는 마음이라 말할 것이다.

마음이 확고하면 세상에 못 할 일이 없다. 옛날에는 수많은 어려운 문제가 가슴을 채웠는데 이제는 망상이 차지했다. 옛날에는 수많은 질문이 뱃속에 가득했는데 지금은 헛된 헤아림만 가득하다. 이 몸을 텅 비워 황량한 채로 방치하고, 이 마음을 종잡을 수 없이 나부끼는 대로 내버려 둔다. 이룬 것은 무엇이며 이루지 못한 것은 무엇인가?(1. 73)

몸과 마음이 잠의 힘을 이기지 못하는 것은 역시 도무지 즐겁고 살맛나는 일이 없어서 게을러지기 때문일 것이다. 한밤중에 잠에서 깨었을 때를 생각해 본다. 눈에 보이는 것이라곤 칠흑 같은 어둠뿐이고 귀에 들리는 것은 아득한 정적뿐이다.

상상해 보면 이런 시간은 유독 태곳적과 같아, 참고 견뎌야하는 이 세상 가운데 별도로 존재하는 하나의 세계라 하겠다. 이런 시간에 몸을 뒤척이며 생각해 보면 내가 했던 말들이 혼돈과 순수함의 사이에서 또렷이 떠오르는데, 여기에 참으로 무한한 의취와 맛이 있다.(1, 91)

나는 아직까지 진정으로 좋아하고 따를 만한 사람을 만난 적이 없을뿐더러, 나를 알아주고 내 마음을 비춰 주는 사람을 본 적도 없다. 이건 내가 현명하고 유능하기 때문에 남들이 끝내 나를 몰라준다는 말이 아니다. 비록 그 누군가가 현명하거나 유능하지 않다 하더라도 그를 알아주고 그의 마음을 비춰 줄 방법은 본디 있지 않겠는가마는, 이런 것은 본디 옛사람의 일에서나 들을 수 있을 뿐이고 요즘 사람에게서는 찾아볼 수 없다.

저들은 이미 나를 알지 못하니 난들 어찌 저들을 알겠는가? (1, 97)

담장 아래 몇 포기 접시꽃은 그다지 무성하지도 향기롭지도 않다. 그래도 새들이 날아들고 나비가 의지하여 오간다. 하물며 향기롭고 무성했다면 더욱 알 만하다. 천하에 본디 이름

없이 죽어 가는 것은 없다.(1. 180)

어떤 선비가 이런 말을 했다. "공부는 남을 위한 것이 아니다. 스스로 즐기는 것일 따름이다. 비록 그 가운데 좋은 점이 있어도 눈에 띄게 자취가 드러나는 경우는 드물다."
구름이 많은 자그만 땅에서 남은 남답게 나는 나답게 살아가고자 하는 나의 뜻과도 무관하지 않다. 이 글을 보니 유쾌해진다.(1. 258)

대체로 사람들은 자기 목표를 이루어 취직을 하게 되면 반드시 집을 번듯하고 크게 짓는다. 그렇다고 들었고, 그런 걸 보기도 했다.
어떤 사람이 이조판서와 같은 높은 벼슬을 하고 있음에도 휑한 집에다 반쯤 찢어진 거적을 깔아 놓고 채소나 비린 고기도 넉넉히 먹지 못하며 소박하게 살아가고 있다. 그런데 모두들 그 검소함을 공격하고 세상 돌아가는 이치를 모른다며 그 담박함을 조롱한다.(2. 25)

남산에 올라 가을의 풍경을 보았다. 소나무 아래 잠깐 앉았다. 사람이 살면서 듣는 소리 가운데 솔바람 소리처럼 좋은

것도 없다. 사람의 정신과 감각을 시원하게 하며 뜨거운 욕망을 녹여 없애기 때문이다.(2, 209)

나와 내가 노닐고, 나와 녹음이 노닐며, 나와 책 속의 옛사람이 노닌다. 나는 잘난 척하는 데데하고 쓸모없는 무리와는 노닐지 않는다. 이에 고요해지고, 이에 마음이 툭 트이고, 이렇게 하여 마음을 삼가고 이렇게 하여 상서롭게 된다.(2, 257)

뜰 뒤쪽으로 나와 연못가를 따라 가서 서쪽 마을의 꽃을 찾아갔다. 방향을 돌려 언덕 비탈길을 올라가 동대문 근처 성곽의 저무는 풍경을 바라보았다. 바람이 심해 높은 벽 아래 깊숙한 곳에 들어서서 산 아래 숨은 집들을 바라보았다. 꽃과 나무에 에워싸여 있고 앞에는 키 큰 소나무가 있고 시냇물이 그 사이에 흘러가는데 굽이마다 초가집이 숨었다 보였다 할 뿐 고요하니 사람이 없다. 저녁 햇빛 비치고 연기가 감싸고 있어 희미하고 어렴풋한 모습이 마치 그림 속 같았다. 진나라 사람(도연명)이 적은 글에서 무릉도원을 깊고 미묘하고 아름다운 공간인 양 과장을 섞어 그려 내고 있지만, 생각해 보면 그 역시 개울물 따라 자리 잡은 이런 집들에 당시 시골 백성들이 난리를 피해 숨어든 것에 지나지 않을 것이다.(2, 265)

자, 오래간만에 남의 일기장을 무단으로 읽어 본 소감이 어떤지? (자존심 탓인지 영 내색을 안 하는군요. 흐흐. 그 마음 나도 잘 압니다! 처음 읽었을 때는 그만 몸과 정신의 균형을 잃고 뒤로 자빠질 뻔했답니다!) 솔직히 말하자. 아마 다들 많이 놀랐을 것이다. 우리는 일찌감치 이 글의 주인공 만주를 시카고대 출신 초현실 인본주의 심리학자 모모 씨의 이론을 그럴싸하게 모방해, 성숙을 향해 달려가는 소년으로 보자고 합의한 바 있다. 그래서 독자들은 은연중에 만주를 나사 하나 빠진 자기 (동생이 있건 없건 간에) 동생쯤으로 여기게 되었을 것이다. 게다가 내가 소개한 철없는 스토커 행각이 그 생각을 확고하게 만드는 데 도움을 주었을 테고. 그런데 만주의 일기에 담긴 생각이 어떤가? 이미 성숙하고 어른스럽고 깊이 있어서, 이태준을 다시 인용하자면 수양도 잘 되어 있고 문장력도 뛰어나고 관찰력과 사고력도 예리해서, 만주를 길에서도 휴대전화에 얼굴을 묻고 헤헤거리는 (그러다 남의 길을 막거나 사고까지 일으키는) 동네에서 흔히 만나는 한심한 소년 취급한 것이 조금은 민망해질 만하다. 기분이 상한 나머지 손가락을 무기 삼아 휘두르며 불만을 드러내는 분이 있을지도 모르겠다. "로또 추첨하듯 무작위로 뽑았다는 거, 생거짓말 아냐?"

그러나 생거짓말이 절대 아니다. 나는 만주의 일기장을 앞에 놓고 눈을 질끈 감았으며 어둠 속에서 손을 더듬어 책장을 되는대로 넘긴 뒤 눈을 뜨고 제일 먼저 보이는 일기를 옮겨 썼다. (고백하자면 책장의 좌우 중에서 더 나은 쪽을 선택하기는 했다. 부디 애교로 봐 주시길.) 이게 무작위가 아니면 도대체 뭔가?

일기를 선택한 방법이 로또 추첨만큼이나 공정했으니 이렇게 말할 수밖에 없다. "만주는 일기를 참 잘 쓰는 소년이었다. 요즈음 우스갯소리로 표현하면 '프로 일기러'였다. 그러니 만주가 쓴 일기는 대부분 우리가 보기에 흠잡을 데가 전혀 없이 그 자체로 훌륭하며 이미 완성된, 폼나게 좋은 글들이었다."

남에게 보일 생각이 없이 쓴 일기의 수준이 이 정도라면 작정하고 쓴 글은 볼 필요도 없잖아, 하고 입을 흉하게 내밀 수도 있겠다. 이미 준프로 수준인데 뭐가 부족해서 박지원을 찾아가 폼나게 글 쓰는 법을 알려 달라고 호소했는지 도무지 이유를 모르겠다고 투덜거릴 수 있겠다. 충분히 공감한다. 하지만 메기처럼 입을 쑥 내밀거나 만주가 욕심이 많다며 우르르 무차별적으로 비난하기 전에 알아 둬야 할 것이 있다. 만주의 일기는 우리가 아는 보통 일기와는 좀 다르다는 사실! (일기에 웬 서문이 있나 싶긴 해도) 서문을 보면 흔하디흔한 일상적인 일기처럼 보이는데, 이건 내성적인 소년 만주 특유의 내숭이었다는 사실! 만주가 난생처음 쓴 일기를 그 증거로 제출한다.

요임금의 갑진년(기원전 2357)으로부터 지금에 이르기까지 4132년, 숭정제의 갑신년(1644)으로부터 지금에 이르기까지 132년이 흘렀으며, 강헌대왕(조선 태조) 임신년(1392)으로부터 지금에 이르기까지 384년이 흘렀다.

김지행金砥行의 문집 『밀옹유고密翁遺稿』를 읽었다.(1. 21)

18세기에 살았던 고상한 유학자 (어떻게 고상한지 설명해 달라고 조르지 말길. 나도 잘 모르는 분!) 김지행의 문집을 읽었다는 사적인 행위를 기록하지 않았다면 역사책의 한 대목으로 오해하기에 딱 좋은 내용이다. 다시 말하지만, 이건 만주가 처음으로 쓴 일기다. 『조선왕조실록』이나 『승정원일기』가 아닌 개인의 일기. 만주는 스물한 살 때, 정확히 하자면 1775년 1월 1일부터 일기를 썼는데 지금 소개한 것이 바로 그날의 일기다. 역사책의 연대표를 오려다 붙인 것처럼 보이는 이 일기를 어떻게 받아들여야 할지 난감해 고민하는 여러분을 위해 나한테 만주를 소개해 준 김하라 선생의 친절한 안내를 받아 본다.

(만주가) 일기를 쓰기 시작한 날인 1775년 설날은, 요임금이 즉위한 해와 명나라가 멸망한 해, 그리고 조선이 건국된 해로부터 각각 다소간의 시간이 흘러 도달한 '오늘'이다. 요순시

대를 계승하는 동아시아 역사의 전통, 명의 멸망과 청의 지배로 정의되는 당대 역사의 흐름, 그리고 그 안에 위치한 조선 역사의 진행이 '오늘' 일기를 쓰고 있는 '나' 유만주에게 수렴되어 그의 자아를 구성하고 있다.(1. 22)

만주가 도도한 역사의 강에 몸을 맡기며 오늘을 살아가는 연속적인 존재로서 자신을 인식하고 있었다는 뜻이다. 뭔 말인지 도통 모르겠다고? 사실 나도 잘은 모른다. 독자님들, 지금까지 잘난 체해서 죄송합니다! 사이좋게 무지를 고백했으니 간단명료하게 핵심을 짚어 말하는 게 좋겠다. 만주의 꿈은 죽은 뒤에도 이름을 남길 만한 폼나는 역사책 작가가 되는 것이었다! 다음 일기도 한번 읽어 보자.

남이 건성으로 보는 것을 나는 깊이 응시하고, 남이 아무렇게나 버리는 것을 나는 때로 신중히 모은다. 그 가운데서 글의 정밀하고 오묘한 뜻을 이해할 수 있고, 책을 엮어 내는 데 기준이 되는 범례를 정할 수 있는 것이다. 나 혼자 생각으론, 이렇게 함으로써 수백 권의 새로운 총서를 이루어 내고 경사자집經史子集(경서, 사서, 제자백가, 문집) 네 분야의 책들을 총망라하여 천고의 역사를 포괄할 수 있을 것 같다. 그렇게 한다면 살아 있는 동안 마음이 의지하여 돌아갈 곳이 있게 되고 죽은 다음에는 이름을 남길 수 있으리니, 나의 이 삶을 헛되이 보내지 않게 될 것이다.(1. 28~29)

만주의 일기 전체를 몇 줄로 요약하라고 하면 나는 이 대목을 고르겠다. 이 몇 문장에 만주가 일생 품은 꿈의 비밀이 담겨 있다고 본다. 살아 있는 동안 글을 쓰며 마음을 의지하고 죽은 다음에는 그 글로 영원히 이름을 남기겠다는 것이다.

다시 김하라 선생의 해설을 보자. 또 인용이라니, 너무 성의 없다고 비난하지는 말길. 나는 김하라 선생처럼 일목요연하게 설명할 능력이 없다. (다행히 요령 있게 피해 가는 능력은 있다.)

만주는 사마천과 어깨를 겨룰 만한 위대한 역사가가 되길 소망하며, 그런 자신의 꿈을 믿고 정진한 젊은이였다. 그는 정사正史와 야사野史 및 소설에 이르기까지 인간의 일을 기록한 것이라면 무슨 책이든 몰두하여 읽고 논평한 열정적인 독서가였고, 당시 조선의 현실을 객관적인 태도로 주시하며 자신의 견문을 꼼꼼히 기록한 재야 역사가였다.(1. 6)

다소 장황하게 만주의 소망을 소개한 이유가 드디어 드러난다. 이 글의 주제인 폼나게 글 쓰는 법과 밀접한 관계가 있기 때문이다. 그러니까 우리의 주인공 소년 만주는 모든 분야의 글쓰기가 아닌 특정 분야, 즉 역사와 관련된 글을 폼나게 쓰고 싶다는 간절한 욕망이 있었다는 뜻이다! 만주는 일기장 곳곳에서 이 소망을 밝힌다. 솔직히 말하면 하도 자주 밝혀서 소망을 토로한 글만으로도 책 한 권을 만들 수 있을 지경이다. 그런데 그중에서 유독 우리의 눈길을 끄는 부분이 있다. 만주는 자신의 내밀하고 내성적인 성격 그대로 누구나 알 만한 유명한 이들보다는 역사에 제대로 이름을 남기지 못한 채 사라진 이들에게 관심이 무척 많았고, 잘 알려진 사건보다는 안 알려진 사건에 눈길을 주었다. 극단적인 예를 들어 볼까? 만주는 최북崔北의 아내가 미인도를 잘 그렸다고 썼고, 신흠申欽의 서얼 후손이 시를 잘 지었다고 썼고, 이광사李匡師의 서녀가 아버지 못지않게 글씨에 뛰어났다고 썼다. 또한 (박지원만큼이나 특이한 박지원의 친구) 정철조가 수를 잘 놓고, 제주도로 귀양 간 양반 조정철은 갓 장인이 되었으며, 장덕해 의원은 최고의 치질 전문가라고 기록했다. 당대 최고의 화가로 꼽힌 최북이 아니라 아내고, 한문학 4대가로 알려진 신흠이 아니라 서얼 후손이고, 자신만의 서체와 서예 이론을 정립한 이광사가 아니라 서녀다. 수와 갓과 치질이라니, 이 또한 범상한 조합은 아니다. 이렇게 이름

없는 자의 특별한 경험을 중시하는 만주는 아예 자기가 쓸 책에 대한 구상까지 마쳤다.

> 나는 일찍부터 글자로 된 기록을 수집한 이래, 빼어난 품성을 지녔으나 때를 만나지 못하여 전하는 기록 사이에서 근근이 이름만 보이거나 이름조차도 남기지 못한 사람들을 보아 왔다. (……) 이런 사람들의 이야기를 모아 책을 한 권 엮고 『초창록悄愴錄』(쓸쓸함에 대한 기록)이라 이름 붙이고 싶다.(1. 181~182)

쓸쓸함에 대한 기록이라니, 너무나 만주답다. 그런데 여기까지 읽고 뭔가 번쩍 하며 머리에 떠오른, 셜록과 에놀라 홈스 남매처럼 유난히 추리 감각이 좋은 분들이 있으리라 믿는다. 자, 내가 앞에서 만주가 박지원의 여러 작품 중 특히 『방경각외전』에 꽂혔다는 뉘앙스를 벌레 퇴치용 방향제처럼 짙게 풍긴 바 있다. 『방경각외전』의 가장 큰 특징은 아홉 편이 다 실제 인물을 다뤘다는 점이다. (「양반전」과 「마장전」이 좀 애매하지만, 충분히 있을 법한 인물과 사건을 담고 있으니 넘어가자.) 인물들이 그야말로 버라이어티하다.

지금 봐도 확 눈에 들어오는 인물들의 면면을 한번 볼까? 광문은 거지 왕초, 예덕선생은 똥지게꾼, 민 옹은 (노래를 곁들인) 무허가 이야기 치료사, 김신선은 도사다. 글을 쓴 방식도 천차만별이다. 여러분의 이해를 돕기 위해 그리고 이 글의 특징을 계속 살리기 위해 역시 거칠게 요약하자면, 이언진의 삶을 그린 「우상전」이 정통 전기에 가장 가깝고, 원래 인물이 누구였는지조차 짐작하기 어려운 「양반전」은 소설과 크게 다르지 않다. 즉 소설이라는 축을 왼쪽에, 전기라는 축을 오른쪽에 둔다면 왼쪽의 「양반전」부터 「우상전」까지 차례로 줄을 세울 수 있겠다.

김하라 선생은 우리의 만주가 '정사와 야사 및 소설에 이르기까지 인간의 일을 기록한 것이라면 무슨 책이든 몰두하여 읽고 논평한 열정적인 독서가'라고 평가했다. 이 평가에 따르면 사람들이 그다지 높이 치지 않던 다양한 인물을 중심에 놓고 정사와 야사와 소설을 창의적으로 결합한 포스트모던 스타일 인물 이야기인 『방경각외전』은 만주의 이상향과 같은 작품집이라고 볼 수 있겠다. 만주는 무턱대고 폼나게 글을 쓰고 싶은 게 아니라 바로 『방경각외전』처럼 완전히 새로운 인물 이야기를 폼나게 쓰고 싶었다!

그럼 이제 우리는 다시 첫 장면으로 돌아가야 한다. (머릿속이 흐릿한 게 나만의 증상은 아니라고 믿고) 기억에서 이미 멀어졌을 테니 지면을 채울 겸 친절을 가장할 겸 다시 소개한다. 만주와 박지원의 만남을 나는 이렇게 썼다.

> 만주는 혹시라도 듣는 이가 **오해하지 않게** 등을 똑바로 세우고 두 손을 모은 뒤 정중하게 물었다.
> "선생님, 어떻게 하면 폼나게 글을 쓸 수 있습니까?"

내가 아무런 근거도 없이 마구 상상해서 이 글을 쓰지 않았다는 건 이미 밝혔다. 박지원이 유한준에게 보낸 네 번째 편지를 과장 없이 그대로 인용했기 때문이다. 하지만 이렇게 성실한 인용에도 함정이 있다. 박지원이 쓴 이 편지는 어려운 말로 '척독尺牘'이라는 장르에 속한다. 안대회 선생은 척독을 이렇게 설명한다.

> 서간문 가운데 비교적 내용이 가볍고 양이 적은 서간문을 척독이라 부르는데, 간결하고 서정성이 넘치는 척독소품을 일상의 시시콜콜한 생활 소재와 예술과 인생에 대한 소회를 잘 담아낼 수 있는 문체로 애용하였다.[9]

잠시 후 우리 이야기에 본격적으로 등장할 (대놓고 스포일러다.

기대하시라!) 남공철南公轍은 청신기절淸新奇絶과 섬세단속纖細斷
續을 척독의 주요한 특징으로 들었다.[10]

청신: 맑고 참신함

기절: 무척 기이함

섬세: 작은 것을 소재로 함

단속: 끊어질 듯 이어지고 이어질 듯 끊어짐

음, 잘은 모르겠지만 훌륭한 정의와 설명이라고 생각한다.
안대회 선생님, 남공철 작가님, 고맙습니다! 하지만 우리 같은
비전문가에겐 『표준국어대사전』의 정의가 제격이다. 사전답고
절도 넘치는 단순함과 명쾌함에 감탄이 절로 나온다. 앞에서
생트집 잡은 것을 이 자리에서 사과한다.

척독: 예전에, 짧은 편지를 이르던 말

'짧다'는 것이 핵심이다. 무슨 뜻인가? 박지원은 만주와 관
련된 일을 일기 쓰듯 또는 소설 쓰듯 시시콜콜하게 세부까지
빼놓지 않고 다 적지는 않았다는 뜻이다. 만주와 박지원을 호
흡이 잘 맞지 않는, 흡사 조금 말짱한 돈키호테와 주체 의식이

조금 더 강한 산초로 구성된 2인조처럼 다루는 우리에게 이 점은 아주 중요하다. 무슨 말인가 하면 만주는 박지원의 편지가 주는 느낌처럼 폼나게 글 쓰는 법을 알려 달라고 단도직입적으로 들이댄 게 아니라 실은 『방경각외전』에 대한 소감을 먼저 차근차근 밝히고 나서 이에 버금가는 인물 이야기를 대거 실은 역사책을 쓰고 싶다는 자신의 꿈을 조용조용한 목소리로 설명했을 수도 있다는 뜻이다.

과연 박지원을 처음 만난 자리에서 내성적인 만주가 이렇게 놀라운 고백을 마구 뿜어 낼 수 있었을까, 의구심을 품을 수도 있겠다. 하지만 개연성은 충분하다. 왜냐하면 나도 그랬으니까. 책이라곤 한 권도 못 낸 철저하게 무명이던 시절에 (그렇다고 지금 유명하다는 뜻은 절대 아니고) 당대 최고의 작가 (나이와 성별은 밝힐 수 없는) 모모 씨를 만난 적이 있다. 사인회가 아니었고. 우연히 지하철 옆자리에 앉은 것도 아니다. 역사소설 집필을 계획하고 있던 모모 씨가 내 지인이자 역사학자인 톡톡 군에게 이야기를 나누고 싶다고 먼저 연락해 왔다. 역사학자 톡톡 군에게 노느니 커피나 마시자고 전화했다가 귀중한 정보를 얻은 나는 어차피 한 번 사는 인생, 하고 마음먹고 (고백하자면 나도 평소에 외향적인 성격과는 좀 거리가 있어서) 있는 용기 없는 용기를 다 짜내어 그 자리에 끼어들었다. 그리고 저녁은 물론이고 새벽까지 모모 씨와 함께 보냈다. 그날 내가 보인 추태를 영원히 잊을 수 없다. 말굽자석처럼 몸을 굽히고 모모 씨 옆에 붙어서 그가 쓴 소설들에 대해 집요하게 물었으며, 글을 쓰고 싶다는 소망을 스물두 번쯤 밝혔고, 짊어지고 간 가방에서 그가 쓴 모든 소설(그리고 그가 번역한 그림책까지)을 꺼내 사인을 받았다. 아마 모모 씨는 내 등쌀에 궁금한 걸 제대로 물어보지도 못했겠지. 겉으로는 웃으면서 속으로는 '이런 거머리 같은 인간!' 하고 이를 박박 갈았을 것이다. 몇 년 뒤에 그가 낸 역사소설이 예외적으로 대실패한 게 어쩌면 나 때문일 수 있겠다. 불운을 이겨 내고 여전히 왕성하게 활동 중인 모모 씨에게 이 자리를 통해 심심한 사과를 표한다. "저도 원래는 내성적인 사람이랍니다. 말 한마디 하지 않고 하루를 보내는 일도 자주 있답니다. 그날은 모모 씨가 너무 좋아서 그만……."

만주도 그랬을 것이다. 대작가 박지원과 단둘이 만나다니, 날이면 날마다 있는 평범한 일이 아니다. 어쩌면 평생 다시 없는 사건일 수도 있다. 그랬기에 『방경각외전』을 닮은, 내심으로는 『방경각외전』을 넘어서는 인물 이야기를 가득 담은 역사책 쓰기를 꿈꾸던 만주가 치명적 수준이던 낯가림을 극복하고 자신의 속내를 다 드러낸 채 지을 수 있는 가장 진지한 표정을 지으며 물었을 것이다. "선생님, 어떻게 하면 폼나게 글을 쓸 수 있습니까?"

물론 실제로 그랬는지 안 그랬는지는 두 사람 말고는 알 수가 없다. 박지원이 기록한 질문 하나가 실은 만주가 더듬거리며 간신히 꺼낸 말의 전부인지도 모른다. 어느 경우이건 우리가 이미 알고 있는 박지원의 대답은 변하지 않는다. 타구에 진한 가래침을 뱉은 뒤 근엄한 목소리로 베푼 가르침.

예가 아니면 보지 말고,

예가 아니면 듣지 말고,

예가 아니면 말하지 말고,

예가 아니면 움직이지 말라!

깊은 고민을 위한 수단으로서 짧은 글

기왕 일기장을 훔쳐본 김에 만주의 글솜씨를 조금 더 살펴보기로 한다. 만주는 긴 글보다 청언소품淸言小品이라는 짧은 글을 유독 잘 썼다고 한다. 청언은 맑고 아름다운 언어라는 뜻이며, 소품은 짧은 글이다. 즉 청언소품은 맑고 아름다운 느낌을 주는 짧은 글을 뜻한다. (바쁘실 터라 죄송하지만) 안대회 선생을 다시 모신다.

만주의 일기장은 정리되지 않은 채 숨겨져 있는 빼어난 청언소품집으로 간주할 만하다. 그는 18세기 후반의 독특한 개성을 지닌 산문가로 자리매김했다.[11]

안대회 선생은 만주의 일기장에서 스무 편의 글을 뽑아 '청
언소품 20칙'이라는 제목을 달았다. 그냥 인용하려다 보니 음,
괴중년 박지원의 기운을 받아 조금 더 힘을 내면 나도 흉내 낼
수 있겠다 싶었다. 감히 선생의 예를 따라 만주의 일기장에서
내 마음대로 뽑은 '신청언소품 12칙'을 제시한다.

1) 대지 가운데 한 조각 땅이며, 그 한 조각 땅 가운데 하나의
개미굴이다. 이 개미굴 속에서 의기양양한 자도 있고 잔뜩 움
츠린 자도 있다.(1. 142)

2) 나갈 일이 없으니까 안 나가고, 할 말이 없으니까 말을 안
하며, 먹을 게 없으니까 안 먹는다. 달리 노닐 거리가 없으니
까 글을 쓰며 노닌다.(2. 42)

3) 사람의 평생은 그저 잠깐일 뿐이다. 눈앞에서 즐거운 일을
찾아야 마땅할 것이다.(2. 93)

4) 세계라는 것은 둘이 있다. 세계 밖의 세계가 있고, 세계 안
의 세계가 있다. 세계 밖의 세계에서 할 수 있는 일로는 본디
많은 길이 있지만, 세계 안의 세계에 들어오면 벼슬살이 외에

는 논의의 대상이 될 만한 것이 없다.(2, 139~140)

5) 새벽달이 있을 때가 참으로 좋다. 유독 형언하기 어려운 정취가 있어서다. 한밤중은 너무 적막하고 초저녁은 아직 시끄럽다.(2, 219)

6) 남을 속일 때는 과감하고, 자신을 속이는 것을 달갑게 여긴다. 옛사람의 말을 잊었는가? 정직, 그 하나뿐이라고.(1, 72)

7) 안개 자욱하고 구름 어둑한데 누런 낙엽이 어지러이 진다. 가랑비가 바람에 비끼니 푸른 연못에 잔물결이 진다. 계절의 풍경은 쓸쓸한데 마음속에 떠오르는 생각들은 번화하다.(2, 225)

8) 인간에게 가장 귀한 것은 품격을 지닐 수 있다는 점이다. 한번 파리하게 시들어 버리면 궁상맞게 찌든 자가 되고, 한번 유들유들하게 굴면 시정잡배가 되며, 한번 방탕하게 굴면 불량소년 부랑배가 되고, 한번 거칠고 조잡하게 굴면 촌놈이 된다.(1, 31~32)

9) 남의 말로 나 나름의 규칙을 바꾸지 말고, 여럿이 떠들어 대는 소리로 내 품격을 바꾸지 말자.(1, 42)

10) 어찌 그저 남들만 무섭다고 하겠는가? 나도 내가 무섭다.(1, 86)

11) 하루를 조용하고 편안하게 살 수 있다면 그 하루는 크게 복을 받은 날이다.(1, 155)

12) 마음의 땅은 대지보다 크다. 이지러진 대지에서는 그래도 무언가 할 수 있지만, 마음의 땅이 이지러져 있다면 아무것도 할 수가 없다.(1, 174)

잘 감상하셨는지? 나는 촌철살인의 빼어난 글들이라고 생각한다. 다만 두 번째 것은 뽑아 놓고도 민망했다. 꼭 내 이야기 같아서. 물론 난 먹을 게 없어도 많이 먹고, 아무리 심심해도 글은 안 쓴다. 자, 다시 본론으로 돌아가자. 귀에 힘을 주고 잘 들으시라. 다른 곳이 아닌 바로 여기서 청언소품을 소개한 두 가지 중요한 이유가 있다.

첫째, 만주의 일기장에는 보석이 널려 있다는 것을 알리기 위해서다. 실제로 나는 앞에서 예로 든 열두 가지 청언소품을 로또 방식, 즉 아무 쪽이나 펼쳐서 눈에 띄는 대로 뽑았다. 안 대회 선생과 내가 똑같이 뽑은 건 딱 하나뿐이다. (궁금하신 분들 은 직접 찾아보시기를 바란다.)

둘째, 우리의 주인공 소년 만주에게 청언소품처럼 사소한 문 제가 하나 생긴 것을 알리기 위해서다. (이렇게 참신하게 연결할 줄은 아무도 몰랐겠지!) 너무 염려하지는 말길. 말 그대로 사소한 문제니까. 우리 만주가 대작가 박지원이 쓴 글에 대한 열정적 탐구 작업을 성공리에 마친 것은 여러 차례 밝혔다. 지옥행을 각오하고 작업하는 것까지는 좋았으나 그 뒤가 문제였다.

스티븐 블래스 증후군이라는 것이 있다. 불펜에서는 공을 씽 씽 잘 던지던 투수가 막상 마운드에 올라가면 스트라이크를 전 혀 못 던지는 (〈슬기로운 감빵생활〉의 김제혁 선수도 겪은) 증상이다. 우리 만주도 그랬다. 완벽하게 준비했는데도 어찌 된 일인지 폼나는 글을, 아니 만주가 쓰려는 장르인 인물 이야기 한 편을 처음부터 끝까지 쭉 쓰지 못했다는 사세한 문제다.

예를 들어 설명하는 게 좋겠다. 짜잔, 주인공은 이광사의 딸. 참고로 이광사는 5000년 우리 역사에서 손꼽힐 만큼 엄청난 실 력의 서예가인데 여러 사건에 얽혀 유배지에서 삶을 마쳤으며 훗날 까마득한 후배인 김정희金正喜에게 느닷없이 호출돼 욕바

가지가 된 비운의 인물이다. 그리고 앞에 말한 것처럼 만주는 이광사 서녀의 삶에 주목하고, 떠도는 이야기들을 여러 해에 걸쳐 모아 일기로 썼다.

이광사의 서녀가 쓴 글씨(전서와 예서)는 당대에 으뜸으로 꼽힌다. (……) 지금 이문내(오늘날 서울 공평동 일대)에 살며 부친상을 치르는 중인데, 나이는 바야흐로 열여덟이라 한다.

이광사는 평생 딸을 몹시 사랑하여 자신의 서예 작품 가운데 마음에 드는 것은 모두 딸에게 주었다고 한다. 그래서 이광사가 쓴 글씨 가운데 세상에 보이지 않는 것, 보인다면 절등한 보배가 될 만한 것들은 모두 그 딸에게 있다는 것이다.

그 딸은 이광사의 소실에게서 났다. 그러나 글을 잘 짓고 글씨를 잘 쓰므로 만약 중국에서 태어났다면 응당 풍류를 아는 박식하고 아취 있는 선비의 짝이 되어 그의 운취韻趣를 도울 수 있었을 것이다.
그런데 이광사의 딸은 이제 중인과 서얼 무뢰배이자 잡류인 자의 아내가 되어 초라하게 흔적도 없이 사라졌으니, 운치 없는 일이라 사람으로 하여금 혀를 차며 한탄하게 한다.(2. 74~75)

이광사의 딸 이야기를 쓰면 이광사가 카메오로 자동 출연할 테니, 준비에 철저한 만주는 그에 대한 기록도 여럿 모았다.

이광사는 유배지인 외딴섬에서 박씨를 심었다. 박이 열리자 속을 파낸 다음 옻칠을 해 단단하게 만들어 두고, 비단이며 종이에 쓴 자신의 글씨 작품 하나하나에 낙관을 찍고는 둘둘 말아 그 박 속에 넣었다. 그리고 다시 단단하고 질긴 물건으로 구멍을 봉하고 옻칠로 틈을 메워 바닷물에 띄워 보냈다. (……) 바다는 천하에 통하지 않는 곳이 없으므로 이것들이 닿는 외국 각지에 자기 서법書法을 널리 퍼뜨리고자 한 것이다.

혹자는 이렇게 말한다. "이광사가 귀양을 가지 않았더라면 그의 글씨가 기이하게 되지 않았을지도 모른다. 북쪽으로 귀양을 간 후 비로소 기이하게 되었고 남쪽으로 귀양을 간 후에 더욱 기이해진 것이다."
이광사의 글도 몹시 기이하여 평범한 말을 쓰지 않는데 이러한 그의 글로서 세상에 전하는 것이 많다. 이를테면 '사나운 여울에 고기가 재빨리 움직이고, 위태한 가지에는 새가 수선스레 깃든다'는 등의 구절이 있다.(2, 72~73)

자, 이 정도면 기초 자료는 확보된 것으로 보인다. 그럼 해야 할 일이 명확하다. 박지원 선생의 폼나게 글 쓰는 법에 따라 자료를 이리저리 아름답게 배치하고, 인물들에게 진실의 피와 살을 부여하고, 사건의 순서를 조절하고, 생생하게 살아 숨 쉬는 표현을 써서 『방경각외전』에 견줄 만큼 폼나는 인물 이야기 한 편을 완성하는 것.

만주는 글을 시작하기 전에 주먹을 불끈 쥐고 조그맣게 파이팅을 외쳤다. 너무 약한 느낌이 들어서 목청을 가다듬고 조금 크게 파이팅을 한 번 더 외쳤다. 종이를 펼치고 붓을 들었다. …… 손바닥으로 종이를 쫙 펴고 다시 붓을 들었다. …… 종이를 보며 심호흡을 하고 다시 붓을 들었다……. 심호흡을 하고 다시 붓을 들었다……. 심호흡을 하고 다시 붓을 들었다……. 심호흡을 하고 다시 붓을 들었다…….

이게 도대체 웬일인가? 박지원의 비법들을 방 안 곳곳에 붙여 놓고 파이팅을 외친 뒤 야심 차게 붓을 들고, 들고, 또 들었는데도 어쩐지 도무지 글이 써지지 않는다. 써지지 않는 차원을 넘어 글이라곤 써 본 적 없는 초등학생처럼 숨을 헐떡거리며 자료들의 뒤를 무기력하게 따라다니기만 한다. 힘들게 모은 자료들은 발이라도 달린 양 날개라도 달린 양 방바닥을, 벽을, 천장을 마구 달리고 날아다닌다. 만주가 잡으려고 손을 뻗어도, 발을 내밀어도, 몸을 던져도 자료들은 획획 잘도 피한다. 끝날 기미가 없는 추격전에 지친 만주가 벽에 등을 기댔다. 이런 낭패가 있을까? 머리를 싸매고 한숨 쉬는 동안에도 청언소품은 수시로 튀어나왔지만 정작 쓰고 싶은 글, 폼나게 좋은 인물 이야기는 단 한 줄도 쓸 수가 없었다!

한숨 또 한숨을 쉬던 만주는 주먹으로 이마에 꿀밤을 먹이고는 『방경각외전』을 펼쳤다. 눈으로 책을 읽어 나가다가 붓을 들어 표를 그리고 문장으로 빈칸을 채워 넣었다.

마장전	말 거간꾼이나 집주릅이 손뼉을 치고 손가락으로 가리켜 보이는 짓은…… 믿음을 보이기 위한 행동이다.	생생 풍자 기법
예덕선생전	선귤자에게는 예덕선생이라는 친구가 있다. 예덕선생은 종본탑 동쪽에 살면서 똥 치는 일을 생업으로 삼았는데, 마을 사람들이 모두 그를 엄 행수라 불렀다.	충격 출발 기법
민웅전	웅은 남양 사람이다. 무신년 난에 출정한 공으로 참사가 되었다가 물러난 뒤로 다시는 벼슬하지 않았다.	찬찬 소개 기법
광문자전	광문은 거지였다. 종루의 시장 거리에서 빌어먹고 다녔다.	단도직입 기법

양반전	양반은 사족을 높여 부르는 말이다. 정선에 양반이 살았는데, 어질고 글 읽기를 좋아했다.	음흉 시작 기법
김신선전	김신선의 이름은 홍기다. 16세에 결혼했는데, 아내와 한 번 동침해 아들을 낳고는 가까이하지 않았다.	의문 만발 기법
우상전	일본 관백이 새로 들어섰다. 널리 재정을 비축하고 이궁과 별관을 수리하고 선박을 정비한 뒤…… 우리나라에 사신을 보내 달라고 요청했다.	줄줄 설명 기법

글이란 뭐니 뭐니 해도 첫 문장이 중요한 법, 『방경각외전』 각 편의 첫 문장과 박지원이 구사한 기법을 정리하니까 사라졌던 자신감이 슬며시 돌아왔다. 박지원 선생은 역시 음흉, 찬찬, 생생한 분이로군요. 그럼 이제 시작해 볼까? 찬찬으로? 음흉으로? 의문으로? 충격으로? 다 좋은 것 같기도 하고, 다 아닌 것 같기도 하다. 도대체 나는 이 중에서 어떤……. 기법과 기법을 왔다 갔다 하는 사이 자신감은 인사만 건넨 뒤 다시 사라지고, 혼란과 막막함이 빈자리를 채웠다. 붓을 내려놓은 만주는 다시 벽에 등을 기대곤 더 깊은 고민에 빠졌다. 도대체 문제가 뭘까? 왜 안 될까? 왜 나는…….

현대 과학에 따르면 고민은 막대한 에너지를 소모한다. 에

너지가 부족하면 잠이 들고, 잠이 들면 꿈을 꾸게 된다. 폼나게 글 쓰는 법에 대해 고민하며 자료를 읽고 또 읽다가, 청언소품 한두 줄 끄적거리고, 간신히 포획한 자료를 아예 오려서 이리저리 붙여 보기도 하다가, 『방경각외전』을 아무 데나 펼쳐서 큰 소리로 읽기도 하다가, 결국 지쳐 쓰러져 잠든 우리 만주는 당연히 책 읽기와 글쓰기에 관한 꿈을 꾸었다. 궁금한가? 그렇다면 영화계를 대표하는 대작가이자 괴작가 크리스토퍼 놀란 감독처럼 우리도 만주가 꾸던 꿈의 세계로 풍덩 뛰어들어 보자. (대낮에 몽상한, 꿈보다 더 꿈같은 백일몽도 들어 있다.)

꿈에 이지(이탁오)의 전집을 읽었다. 61책이었는데 제기랄 그 책의 이름은 생각이 안 난다. 책의 편집 체재를 보니 우리나라 사람이 엮은 것 같았다.

신흠의 책을 읽었는데 이런 말이 나온다. "인생에는 정해진 분수가 있으니 그 분수를 뛰어넘어서는 안 되고, 인생에는 정해진 운명이 있으니 그 운명을 바꾸려 해서는 안 된다. 올 때는 거부하지 말고 갈 때는 잡아 두지 말아야 한다."(1, 211)

이런 가정을 해 본다. 먼저, 한평생 좋은 밥 먹고 아름다운 옷 입어 일상생활의 수준이 고관대작보다 낫고, 자신을 즐겁게

해 주는 처자식이 있고, 마음 붙일 취미 생활이 있어서 고민
할 일이 한 가지도 없되, 다만 책은 한 권도 읽지 못하는 경우
가 있다. 그 반면 평생 천지간의 글자로 된 책이란 책은 실컷
보아, 기이하고 희귀한 서적, 사라지고 없다고 알려진 책, 감
춰진 책, 공적으로 보관된 도서, 개인이 소장한 도서, 중국 및
이민족 국가의 옛 기록물 등등을 마음 내키는 대로 모두 볼
수 있되, 다만 일생을 고단하게 굶주리고 메마르게 지내며 온
갖 어려움을 다 겪는 또 하나의 경우가 있다. 그렇다면 사람
은 이쪽을 택할 것인가, 저쪽을 택할 것인가?(1. 239~240)

이건 어떨까? 역사책 수만 권, 글씨 잘 쓰는 사람 수십 명, 공
책 수백 권을 모으고 붓과 먹을 갖추고 술과 음식도 준비해
둔 다음에 내가 계획한 역사책인『춘추합강春秋合綱』을 정돈
하여 편찬한다. 내가 개요가 되는 사건들을 총괄하고, 역사에
통달한 빼어난 선비들을 초청하여 그들에게 일곱 시대를 나
누어서 세부 항목을 정리하여 서술하게 한다. 커다란 집에 모
여서 10년을 기한으로 삼아 초고를 작성한다. 그렇게 차근히
이루어 한 부의 역사책이 완성되면 정본은 금강산과 지리산
과 한라산에 보관하고 부본은 서울에 둔다.(1. 36)

머리 허연 노인이 꿈에 나와서 모자를 바꾸라고 간곡히 일러
준다.(1. 117)

밤에 사관史官이 되는 꿈을 꾸었다.(1. 53)

이 세계는 그냥 꿈속이나 극장이다. 백 가지, 천 가지, 만 가
지로 변하는 일들이 모두 하나의 몽환으로 귀결된다.(1. 172)

꿈속에서 박지원 선생을 다시 만났다. 꿈속에서 나는 젊은
브래드 피트였고 자존감이 백화만발해 조금도 긴장하거나 빼
거나 숨지 않았다. 어깨를 쭉 펴고, 머리를 꼿꼿이 세우고, 긴
머리카락을 휘날리며 아킬레우스처럼 당당하게 행동했다. 그
리스 신으로 폼나게 변신한 나는 오늘따라 땅딸하게 보이는 선
생 앞에서 전에 만난 이후 내가 한 일, 즉 선생의 책을 모두 찾
아 읽고 폼나게 글을 쓰는 법을 찾아낸 일과 선생이 작가로 탄
생하게 된 순간을 알아낸 일과 선생의 뒤를 그림자처럼 집요하
게 따라다닌 일을 제스처와 눈짓을 활용해 요령 있게 떠벌였
다. 한 마디라도 놓칠세라 내 쪽으로 몸을 기울이고 집중해서
듣던 선생은 몸을 바로 하더니 박수를 짝짝 치며 말했다.
　"잘했네. 그야말로 록키처럼 파이팅 넘치는 시간을 보냈군!"

선생의 칭찬에 어깨가 으쓱해졌다. 오늘따라 선생은 기분이 유난히 좋아 보였다. 그럼 기회를 놓쳐서는 안 되겠지. 마음이 여유로우면 말도 따라 많아지는 게 인지상정이니까. 말이 많아지면 본심이 저절로 나오는 법. 서두르자, 선생의 마음이 변하기 전에.

"선생님, 제게 작은 문제가 하나 있습니다."

"대개 문제는 대충 보면 작게 보이지. 하지만 실은 그렇지 않다네. 배율 좋은 현미경으로 들여다보면 크고 위태로운 문제로 자동 변환되지. 그래서 아킬레스건같이 시시한 근육 때문에 사람이나 신이 죽지 않겠나?"

"선생님 말씀이 맞습니다. 사실은 현미경 없이 그냥 맨눈으로도 보이는, 즉 처음부터 크고 위태로운 문제였습니다. 다만 그렇게 말하면 선생님께서 괜한 부담을 가지실까 봐 작다고 말씀드렸지요."

"배려였다? 역시 인성 하나는 최고로군. 올해의 모범 소년다워. 얼굴도…… 모처럼 시간 많고 마음도 편안하니 어디 한번 이야기해 보게. 난 브래드 피트의 팬이니 한 마디도 빠짐없이 잘 듣고 내 의견을 말해 주겠네. 중요한 이야기일 테니 메모라도 할까?"

"그럴 필요까지는…… 그냥 잘 들어 주시기만 하면 된답니다. 문제는 이겁니다. 선생님!"

"응, 집중해서 듣고 있으니 말해 보게나."

"실은 쓰고 싶은 인물 이야기가 하나 있습니다. 가제는 '이광사의 딸'입니다. 자료를 다 모았고, 구성도 대략 끝냈습니다. 선생님이 알려 주시고 제가 따로 조사해서 찾아낸 폼나게 글쓰는 법도 필요할 때면 바로 참조할 수 있게 벽에 붙여 놓았습니다. 게다가 선생님이 인물 이야기에 쓰신 첫 문장들도 다 뽑아 놓았지요. 그런데 말입니다, 분명히 준비가 완벽했는데 어찌 된 일인지 붓만 들면 눈앞이 하얗게 변합니다. 지금껏 한 게 다 사라지고 아무것도 기억나지 않습니다. 폼나게 글 쓰는 법을 랩으로 만들어 큰 소리로 불러 보는 짓도 했고 선생님의 첫문장들을 불경처럼 운율 넣어 읽기도 했지만 큰 효과가 없었습니다. 이래선 안 되겠다, 제대로 해야겠다 마음먹고 주먹으로 머리를 친 뒤 다시 집중해도 아, 인물 이야기와는 관계없는 청언소품 몇 문장만 간신히 나올 뿐입니다. 부탁드립니다. 어떻게 하면 제가 원하는 글, 폼나게 좋은 인물 이야기를 제대로 쓸 수 있는지 이번에는 정확하게 알려 주십시오. 단, 뜬구름은 싫습니다. 아킬레우스라고 늘 구름만 타고 다니지는 않으니까요."

박지원 선생은 동의의 표시로 검지를 내게 흔들어 보이고 고개를 끄덕였다. 그러고는 잠깐 눈을 감았다 뜨더니 이렇게 말했다.

"답은 이미 자네가 알고 있네. 왜냐고? 클클클, 자네는 이미 훌륭하니까. 폼이 쫙쫙 나니까."

느닷없는 칭찬에 다시 으쓱해지려는 어깨를 정신력으로 꾹 눌렀다. 뜬구름 전략, 떠넘기기 전략에 넘어가서는 안 된다. 그랬다간 만사 도로아미타불이다.

"도무지 무슨 말씀인지 감이 잡히지 않습니다. 저는 얼굴만 브래드 피트를 닮았을 뿐 훌륭함과는 무관하답니다. 부디 저를 위해 제가 알고 있다는 그 답을 선생님의 아름다운 입술로 말씀해 주시면 고맙겠습니다."

"그럴까?"

"제발요!"

"그럴까?"

"부탁드립니다!"

"그러지 뭐."

"고맙습니다!"

"자네는 내가 쓴 모든 글을 찾아 읽었다고 했네. 글쓰기가 글 읽기에서 시작된다는 '읽쓰 비법'을 스스로 알아낸 것이지."

"그렇습니까?"

"그렇지. 자네는 내가 마치 올림포스 소속 글쓰기 신이라도 되는 것처럼 나에 대해 넋을 놓고 감탄했네. 진정한 글쓰기는 솔직한 감탄에서 비롯된다는 '솔까 감탄 비법'을 스스로 알아낸 것이지."

"그렇습니까?"

"그렇지. 자네는 내가 좋아하는 작가의 글까지 다 찾아 읽었다고 했네. 독서의 폭이 넓어지면 쓰는 글의 깊이는 저절로 깊어진다는 '폭폭 깊깊 비법'을 스스로 알아낸 것이지."

"그렇습니까?"

"그렇고말고. 자네는 내가 말하지도 않은 폼나게 글쓰기 법에 딸린 3대 비법을 혼자 힘으로 알아낸 셈이야. 폼법을 찾아낸 것도 대단한데 부록인 소3법까지 다 찾아내다니, 자네가 최초라는 걸 말해 두고 싶네. 정말 대단하군! 브라보!"

짝짝, 짝짝 앙코르를 요구하듯 절도 있게 이어지는 선생의 박수 소리를 들으면서 물었다.

"저를 인정해 주셔서 고맙습니다만 이번에는 그냥 넘어가지 않겠습니다. 아무래도 문제가 해결된 것 같지 않습니다. 다시 묻겠습니다. 그런데도 왜 저는 폼이 나기는커녕 제대로 된 인물 이야기를 쓰지도 못하고 있나요?"

"이미 답하지 않았나?"

"저는 못 들었는데요."

박지원 선생이 곁으로 다가와 민 옹처럼 입 냄새를 풍기며 물었다.

"자네, 소심하지?"

"네."

"난 답을 다 했다네. 내가 왜 자네를 아킬레우스처럼 치켜세웠겠나?"

"글쎄요."

"자네에게 부족한 건…… 자네의 아킬레스건은 딱 하나야, 자-신-감! 우선은 스스로를 믿어 보라고. 할 수 있다는 자신감으로 글을 시작하게. 그러면 곧 폼나게 좋은 글, 자네가 원하는 폼나게 훌륭한 인물 이야기가 마구 나오게 될 거야. 종이는 충분히 준비해 두는 게 좋겠군. 생각이 사라지기 전에 잡아채야 하니까. 나비처럼 날아서 벌처럼……, 알겠나?"

"네, 그러니까 필요한 건 자-신-감?"

"그래, 자-신-감! 자, 그럼 파이팅. 난 밤 약속이 있어서 자네의 초저녁 꿈에서는 이만 퇴장하겠네. 마지막으로 조언 하나 더 해 줄까? 초저녁에 너무 오래 뒹굴뒹굴하면 밤에는 잠을 잘 수 없다네."

초현실 인본주의 심리학자 모모 씨의
신통방통한 초능력 치유법

　꿈은 꿈이고 현실은 현실이다. 무슨 말인가? 꿈이 다 실제로 이루어진다면 꿈과 현실을 굳이 다른 단어로 구분할 이유도 없는 법. 우리 이야기로 돌아오자면 만주는 수많은 노력과 백일몽과 꿈에도 불구하고 폼나는 글을 여전히 쓰지 못했다. 브래드 피트는 여전히 브래드 피트고 아킬레우스는 아킬레우스고 만주는 앞의 둘과는 아킬레스건만 공유하는, 그러니까 여전히 약점만 많은 만주라는 것! 브래드 피트도 아킬레우스도 될 수 없고 폼나게 좋은 글도 전혀 쓰지 못하고 있다면 우리 만주는 어떤 태도를 취해야 할까? 어떻게 살아야 할까? 여러분이라면 어떻게 하겠는가? 대충 두 가지 방향이 가장 먼저 떠오른다.

1. 폼나게 좋은 글이 나올 때까지 죽어라 쓰는 것.
2. 꿈에서가 아니라 실제로 박지원을 다시 찾아가 묻는 것.

첫 번째 방향에 대해서는 뭐라고 할 말이 없다. 바꿔 말하면 잘 안 된다고 징징대지 말고 열심히 노력하라는 뜻인데, 이 '열심히'와 '노력'은 우리가 하루에도 몇 번은 무의식중에라도 입에 담게 되는 참 쉬운 말이면서도 실제로 행하기에 이보다 어려운 게 없다.

열심히: 어떤 일에 온 정성을 다하여 골똘하게(「표준국어대사전」)
열심히: 하는 일에 마음을 다해 힘써서(「고려대 한국어대사전」)

노력: 목적을 이루기 위하여 몸과 마음을 다하여 애를 씀(「표준국어대사전」)
노력: 목적을 이루기 위하여 있는 힘을 다해 부지런히 애를 씀(「고려대 한국어대사전」)

사전이지만 말을 참 쉽게도 한다. 온 정성을 다하라니, 부지런히 애를 쓰라니. 문제는, 다 양보해 그렇게 했는데도 원하던 결과가 나오지 않으면 '열심히'와 '노력'은 무용지물이 되어 버린다는 사실이다. 만주의 편벽한 성향으로 볼 때 아마도, 아니 분명히 열심히 노력했으며 살아서 단테 씨의 지옥을 볼 각오로 죽어라 썼을 것이다. 만주의 좁은 방은 피와 눈물과 콧물과 고름으로 범벅이 되었을 것이다. 하지만 그 모든 '열심히'와 '노력'에도 야속하게 글은 전혀 폼이 나지 않았으니, 아니 나온 글이 없어 폼이 나고 안 나고 할 것도 없었으니 남들 눈에는 무용지물, 즉 열심히 노력하지 않고 그저 놀고먹는 인간, 민 옹이 살아 있었다면 황충이라고 신나게 놀려먹었을 존재처럼 비쳤을 것이다. 그렇다면 억울해서라도 두 번째 방향으로 머리를 돌려야 할 텐데 뭐랄까, 그러기엔 만주의 얄팍한 자존심이 도저히 용납하지 않았다. 왜?

어쩌면 일생을 건 중대한 방문일 수도 있으니까, 경우에 따라선 마지막 대면일 수도 있으니까 만주는 뭐라도 들고 가고 싶었다. 맨손으로는 박지원을 찾아가고 싶지 않았다는 말이다. 영주 산삼이나 LA 갈비가 잔뜩 들어 있고 바닥에 현금 봉투까지 넣어 둔 값비싼 선물 보따리를 말하는 게 아니다. 당장은 폼이 나지 않아도 언젠가는 폼이 날 가능성이 있는 문장이 적어도 한둘은 섞인, 아직 완성되지 않은 글 한 장이라도 들고 가고 싶었다는 말이다. 바꿔 말하면, 만주는 '이광사의 딸' 초고 정도는 들고 가고 싶었다. 비록 구성과 맞춤법은 엉망진창이라도 글이라고 부를 수는 있는, 상대방이 읽을 수는 있는 그 무엇을. 그러나 현실은 그렇지 못했고, 가뜩이나 자존감이 바닥인 상태에서 그렇게 비참한 모습으로는 도저히 박지원을 찾아갈 수 없었다. 만주는 가슴이 답답했다. 울고 싶었다. 화내고 싶었다. 하지만 방안에서 꼼짝도 할 수 없었다. 좁은 방은 고통의 장이었다. 진퇴양난소소막막불면의밤의욕상실깊은허무자살충동같이 띄어쓰기조차 허용하지 않는 단어들이 나타났다 사라지기를 반복했다. 정말 단어들이기는 했나? 그건 실은 만주가 보낸 하루하루가 아니었을까?

어이쿠, 가만가만. 이거 보통 문제가 아니다. 그냥 뒀다간 우리의 주인공 소년 만주가 사자獅子 같은 사자四字 지옥에 빠져 자칫 여기서 사라질 수도 있겠다. 그래서는 안 된다. 이야기가 아직 남았는데, 길은 아직 끝이 보이지 않는데, 주인공 없이 도대체 뭘 어떻게 이어 간단 말인가? 누군가는 만주를 건져 내야 하기에, 하지만 우리의 글쓰기 신은 도와줄 기색도 안 보이기에, 유엔 협약에 따른 긴급조치를 취하기로 한다. 박지원이 민옹에게 의지한 것처럼 우리의 연약한 만주가, 나락에 빠진 만주가 의지하고 도움받을 사람을 보내기로 한다.

당장 한 사람이 떠오른다. 바로 이 글에 종종 등장한 초현실인본주의 심리학자 모모 씨다. 모모 씨를 따라다니면서 침체에 빠진 만주가 겪은 온갖 절망을 자세히 살펴보고 우리의 만주가 그 절망을 어떻게 헤쳐 나왔는지 상세하게 기록까지 한다면 참으로 감동적이겠으나, 그 자체만으로도 책 한 권 분량이므로 여기서는 모모 씨가 치료를 마치고 돌아와서 기분 내키는 대로 성의 없이 쓴 「설렁설렁 만주 치료기」를 요약해 싣는 것으로 대충 끝내고자 한다.

설렁설렁 만주 치료기

서: 별로 친하지도 않은 대학교 동기 동창이 쥐꼬리를 몰래 내 계좌에 넣는 바람에 조선국 유만주 군을 치료하러 가게 되었다. 돈도 안 되는 5류 작가 생활을 직업이랍시고 이어 가는 주제에 한심한 부탁만 하는 동기 동창의 뇌부터 치료하고 싶은 마음이 굴뚝같았으나 자신의 치료를 위해 낼 돈은 없다는 더 한심한 소리를 듣고 꾹 참았음을 밝혀 둔다.

유만주 군은 딱 봐도 우울증 초기였고 정신도 다소 혼란스러워 보였다. 나를 보고도 고개만 까딱한 게 인사의 전부였고 "더 폼, 더폼, 더폼"같이 의미를 알 수 없는 말을 자꾸 중얼거렸다. 나는 유만주 군의 물에 수면제를 섞은 뒤 상태를 지켜보았다. 어느 순간 쓰러진 유만주 군은 깊이 잠들었고 스물두 시간 뒤에 깨어났다. 여전히 사람 같아 보이지는 않아도 수면의 효과는 뛰어났다. 정신의 혼란이 완화되고, 어느 정도 대화를 할 수 있게 되었다. 유만주 군에게 물부터 권했다. 물론 그냥 물이 아니라 세로토닌 증진제를 듬뿍 넣은 물이었다. 물 한 잔을 단숨에 비운 유만주 군과 떠듬떠듬 상담을 통해 대략 다음과 같은 증상들을 어렵지 않게 찾아냈다.

우울감: 바람이 불면 더욱 쓸쓸하고, 달이 비치면 더욱 외롭고, 빗소리 들리면 더욱 시름겹다. 어찌해야 바람 불면 상쾌하고 달빛에 마음이 흥겹고 빗소리에 기뻐할 수 있을까?(1. 55)

심신 무기력증: 어디가 아프지도 않은데 신음이 나오고, 누구와 이별한 것이 아닌데도 외롭고, 힘들게 일하지도 않았는데 노곤하다.(1. 75)

자존감 저하(특히 심각!): 누군가가 나 자신에게 묻는다면 열 가지가 없는 낭자浪子(빈둥빈둥 노는 자)라 하리니, 이는 운명·외모·재주·세련된 태도·재능·재산·집안·언변·필력·의지 가운데 어느 것도 없다는 말이다.(1. 83)

전혀 품격이 없으니 부끄러워 견디지 못하겠다. 조물주는 어그러짐을 좋아하며 너무나 공평하지 못하다.(1. 146)

사람이 세상에 태어나서 가장 받지 말아야 할 것이 하나 있다. 바로 모멸이다. 사람들은 때로 가난한 탓에 멸시받고 짓밟히는 경우가 있지만, 이는 내가 말하는 모멸이 아니다.(1. 56)

대인기피증: 밖에 나갈 일을 줄이는 것이 참으로 이득이 될 것이다. 잘 하느니 못 하느니 하는 지겨운 이야기가 귀에 들지 않고, 촌스럽기 짝이 없는 모습들이 눈에 닿지 않으며, 재주도 없고 지혜도 없는 진부한 내 몰골을 드러내지 않아도 될 테니 말이다.(1. 69)

자살 충동: '언제나 오두마니 앉아 글 읽으며 한 해를 다 보낸다'는 말은 책상물림의 썩어 빠진 행태를 잘 형용했다. 그렇게 시간을 보내고 나면 '죽음'이라는 단어가 당도해 있다가 눈 돌릴 새도 없이 데리고 가는 거다.(1. 85)

가벼운 우울감부터 심신 무기력증, 자존감 저하(바닥 수준), 대인기피증, 자살 충동 등 우울증의 요소를 모범적으로 다 갖추었다. 스스로 증세를 인식하고 있다는 건 그나마 다행이었다. 한심한 의뢰인으로부터 시간이 중요하다는 말을 들어 빠른 치료법을 고민하던 차에 뜻밖의 장소에서 희망을 보았다.

> 화장실에 가다가 무궁화 핀 걸 보았다. 엷은 빨강 꽃송이가 드문드문 붙어 있는데 빗속에 더욱 보기 좋았다.(1, 150)

실마리는 바로 꽃이다. 유만주 군은 꽃을 보면 눈이 반짝 빛났다. 자세히 관찰해 보니 나무도 좋아하고, 달도 좋아했다. 그렇다면 집에 조용히 머물며 꽃과 나무, 달과 별을 마음껏 즐기도록 하는 데서 시작하면 되겠다.

> 내가 사는 곳은 그저 보잘것없는 초가이다. (……) 두 가지 꽃이 무심히 피어나서 나에게 봉래蓬萊와 영주瀛洲 같은 신선 세계를 상상하게 하고 강호江湖의 정취를 느끼게 해 준다. (……) 이 꽃들에게 무척 고마운 마음이 들어서 드디어 아름다운 이름을 붙여 주었다. 닭벼슬꽃에게는 '선교청僊蟜靑'(신선의 산에 핀 푸른 꽃)이라 하고, 여뀌꽃에게는 '건호홍乾湖紅'(물 없는 호수의 붉은 꽃)이라 했다. 시를 지어 표현하고 싶었지만 그렇게 하지는 못했다.(2, 223)

밤에 달을 보지 못해 참 안타까웠는데, 갑자기 동쪽 하늘에서 한 줄기 검은 구름이 내려오더니 어떤 환한 빛무리를 약간 드러냈다. 달의 소식이 있을 줄 알고 고개를 돌려 보니 벌써 벽에 환한 자취가 어려 있다. 달이 뜬 것이다. 이윽고 일어나 동녘을 보니 큰 나무숲 사이로 아름다운 노란 빛의 크고 둥근 것이 비치어 나타난다. 황금의 빛무리가 사방에 퍼지니 기쁘게 맞이하고픈 마음이 들었다. 오늘 밤 이 달빛 덕에 이 집에 한번 빛이 난다.(2. 222)

이 정원은 왜 이리 특별하고 멋진 걸까? 널찍한 큰길가에 있다면 별다를 게 없을 테고, 으리으리한 관아 안에 있다면 별다를 게 없을 테고, 인적 드문 산기슭에 자리 잡고 있다면 별다를 게 없을 테고, 교외의 들판에 있다 해도 별다른 게 없을 터이다. (……) 사대문 안의 주택가에 있으면서도 유독 텅 빈 듯 툭 트여 널찍하기 때문에 이다지도 특별하고 멋진 느낌이 드는 것이다.

느티나무 아래의 돌 위에 서서 바라보면 풍경이 더욱 아름다워 보인다는 것도 오늘 밤 처음 알게 되었다.(2. 231)

이런 생각을 했다. 뜰의 연못가에 아름드리 오래된 소나무 열여남은 그루가 있고, 거기 더하여 대나무를 무성하게 심고, 늙은 매화나무, 종려나무, 귤나무, 유자나무, 파초, 수정석류, 앵두, 연꽃, 국화, 벽오동, 단풍나무, 느티나무, 사철나무, 동백, 춘백, 동해홍, 패랭이꽃도 심는다. 장미, 모란, 홍도, 벽도, 철마다 피는 꽃, 배나무, 살구나무가 아울러 있어도 무방하다. 이렇게 하여 품격을 높이고 맑음을 지킬 수 있을 것이다.(2, 239)

유만주 군의 얼굴에 조금씩 화색이 돌았다. 항우울제가 힘을 쓴 덕분이겠지만 뭐랄까, 꽃의 기운이 유만주 군의 혈관으로 들어온 것 같은 화사한 느낌도 들었다. 과학적으로 설명하기는 어렵지만, 이 일을 하다 보면 가끔 있는 일이기도 하다. 자연은 우리 생각보다 훨씬 위대한 치료제다. 그렇다면 이제는 다음 단계, 즉 세상으로 조금씩 나아가 볼 차례다. 내가 운을 떼니 유만주 군이 아직은 밖에 나가고 싶지 않다고 했다. 사람도 만나고 싶지 않다고 했다. 그래서 토의 끝에 유만주 군이 좋아하는 정원에서 달빛을 LED 스탠드 삼아 책 읽기부터 시작하기로 했다. 글을 써도 되냐고 물었지만 나는 그러지 않는 게 좋겠다고 대답했다. (이 일을 의뢰한 자에게도 하고 싶은 말이다.) 한 번 더 묻기에 그렇다면 글을 쓰되 되도록 짧게, 깊이 생각하지 말고 떠오르는 대로만 쓰라고 했다.

(연애소설)『등월연燈月緣』(……) 조잡하고 얄팍한 소설이라도 역시 좋아할 만한 구절이나 단락이 한두 개 있기는 하다. 이를테면 버려진 별서別墅(농사를 위해 농장이나 들 가까이 지은 집)의 풍경을 이야기하면서, '그저 어수선하고 쓸쓸한 광경뿐이다. 섬돌엔 풀이 잔뜩 나 있다. 창문은 거미줄로 뒤덮여 있고 벽에는 이끼 무늬가 얼룩덜룩하다. 연못엔 물풀만 우거져 금붕어는 보이지 않는다. 길섶 울타리는 부서져 있고 푸른 대나무는 하나도 남아 있지 않다. 서글퍼 탄식하며 한참을 우두커니 서 있었다'라고 한 구절을 읽으면 마음이 서글퍼지며 가슴이 메어 온다. 이것이 서술의 묘妙다.(1, 253)

왕안석王安石의 시에 '등불 하나 고요한데 책을 끼고 잠들었네'라는 구절이 있고, 전겸익錢謙益의 시에 '창틈으로 바람 드는데 책을 끼고 잠들었네'라는 구절이 있다. 이 두 구절은 몹시 초췌하고 메마른 정취를 보여 준다. 그렇지만 책을 끼고 있다는 데서 무한한 의취意趣가 생겨난다.(1, 257)

역사책을 보는 것은 사람의 마음을 가장 상쾌하게 한다. 인류가 치란治亂과 흥망을 이어가는 것을 보노라면, 내가 마치 오랜 세월을 보내며 존재한 금동선인金銅仙人이 된 것 같다. 그

리고 천고의 역사를 보며 누가 선하고 악했는지 무엇이 옳고
무엇이 그른지 터득하게 되면, 내가 마치 송사를 맡은 관리가
되어 판결을 내리는 것 같은 기분이 든다.(1. 35)

태서泰西(서양) 이마두 씨의『교우론』은 대단히 기이하다. "벗
은 다름 아닌 나의 반쪽이니 '제2의 나'이다. 그러므로 벗을 나
자신처럼 보아야 한다. 벗과 나는 비록 두 몸이지만 그 두 몸
안에 있는 마음은 딱 하나이다. 서로 필요하고 서로 돕는 것이
벗 사귐을 맺는 이유가 된다."(1. 242)

유만주 군이 읽고 있던 책을 덮더니 잠시 망설이다가 박지원
선생도 똑같은 글을 썼다고 조용히 말했다. 무슨 말인지 잘 몰라
서 씩 웃으며 고개만 끄덕였더니 유만주 군 또한 나를 따라 씩
웃으며 바깥 구경을 하고 싶다고 말했다. (모모 씨가 모르는 걸 나는
안다. 만주가 말한 박지원의 글은『회성원집繪聲園集』발문 가운데 한 대목
이다. "옛사람들은 벗을 '제2의 나'라 일컫기도 하고, '주선해 주는 사람'이
라 일컫기도 했다. 한자를 만드는 이는 날개 우羽 자를 빌려 벗 붕朋 자를 만
들고, 손 수ㅣ 자와 또 우又 자를 합쳐서 벗 우友 자를 만들었다. 벗이란 새에
게 두 날개가 있고 사람에게 두 손이 있는 것과 같음을 말한 것이다." 환자
가 하는 말의 내용도 잘 모르는 주제에 누구더러 글을 쓰라 말라 하는지.)

유만주 군의 회복력이 놀랍다. 분명히, 자신을 들여다보는 능력이 특별히 발달한 사람이다. 물론 내면의 우물을 지나치게 오래 본 탓에 우울증에 걸렸지만. 나는 산책하는 유만주 군을 따라다녔다. 그 덕분에 18세기 후반 한양의 모습을 내 두 눈으로 살펴보는 기회를 얻었다. 아, 도성은 무척 더러워서 토할 지경이었다. 하지만 어떤 면에서는 현대보다 더 아름답기도 했다. 내 문장력으로는 이 모순을 제대로 설명하기가 어렵다.

해질녘에 남산에 올라 단풍을 보았다. 세계는 참으로 이와 같은 것이다. 무엇이 크고 무엇이 작으며 무엇이 슬프고 무엇이 기쁜 것이겠는가?(1, 105)

혜화문을 향했다. 길에서 봄꽃을 꽂고 지나가는 어떤 부랑자와 마주쳤다. 그에게 대뜸 '어디서 난 꽃이냐' 하고 물으니, '어떤 변두리에 핀 꽃'이라고 대답한다.(1, 133)

(대은암을 찾아갔다. 풍경이) 몹시 아름답다. 높이 산중턱에 자리 잡고 있는데, 앞에는 고궁이 있고 검푸른 소나무가 온통 빽빽하게 우거져 있어 마치 목멱산을 마주하고 있는 것 같으니 (……) 솔바람 소리와 물소리가 섞여 들려오고 매미 소리도 맴

맴 듣기 좋았다. 한참을 앉았다 누웠다 하노라니 미래에 대한 걱정과 세상살이에 대한 온갖 생각이 고요히 사그라들어 깊고 그윽한 느낌이었다. 여기서 달밤에 거문고를 탄다면 어울릴 것이고 빗소리를 들어도 좋겠다.(2. 181)[12]

대광통교와 소광통교를 지나 운종가의 큰길을 향했다. 노니는 사람들이 잔뜩 모여 떠드는 소리가 와글와글했으니 참으로 태평성대인가 보다. 꺾어 질러 동쪽으로 내려가니 큰길에 달빛이 환했다. 내키는 대로 거닐며 발길 닿는 대로 갔다. 이때 밤은 싸늘하고 달은 더욱 훤히 밝았다. 보름달 가까이엔 빛을 가리는 구름 한 조각 없고, 다만 서북쪽 하늘 끝에 자그만 구름 몇 송이가 이어져 있을 뿐이었다. 별들은 또 몹시 환하게 반짝였으니 참으로 맑은 빛이었다.(2. 191)

잠깐 위기가 있었다. 운종가를 걷던 유만주 군이 갑작스럽게 어떤 이와 마주쳤는데 그 사람이 호들갑스럽게 아는 체를 한 것이다. 유만주 군이 피할 줄 알았는데 웬걸, 담담하게 이야기를 나누었다. 나는 혼자 고개를 끄덕였다. 이 정도라면 치료는 거의 끝난 셈이다. 한 무리의 사람들이 "어이, 이리 오게." 하고 외쳤다. 유만주 군이 친구들을 만나고 싶다고 해 내가 그 자리에 함께했는데, 남공철이라는 친구가 유난히 인상 깊었다. 키가 큰 미남이고 누구에게나 친절한 호감형이라, 조선의 조-인-성이나 공-유라고 할 만하다. (이 '엄친아'의 이름을 기억해 두시길. 이 책에 처음 나온 미남이라 저절로 기억하겠지만.) 집으로 돌아오는 길에 유만주 군이, 마음이 불편하지 않다는 것을 알았으니 오래 못 본 다른 친구들도 만나고 싶다는 뜻을 밝혔다.

달이 떴다. 몹시 밝기까지 했다. 혼자 수각교로 나왔다가 발길을 돌려 민경속에게로 향했다. 등불 하나가 희미하게 밝았다. (……) (책) 이야기를 조금 오래 하다가 일어나서 다시 수각교에 이르니 시끄러운 소리가 아직 나고 달빛은 더욱 밝았다.(1. 269~270)

이홍 형과 북동에 가서 꽃을 보기로 했다. (……) 오후 늦어서야 비로소 형과 혜화문 밖으로 나가 북동에 들어갔다. 양쪽 언덕의 붉은 노을빛 꽃들을 보니 불현듯 예전에 보았던 광경이 생각났다.(2. 186)

길을 나서 푸른 가로수 길에 접어들었다. 한참 고요히 나무들을 보다 동대문에 딸린 누각에 올라갔다. 때마침 바람이 불지 않아 마음 가는 대로 굽어보다 성 밖 언덕길을 따라 내려왔다. 그리고 방향을 돌려 친구 임노任魯를 찾아갔다. 서재 앞뜰을 걸으며 이런 이야기를 했다.

"가장 난처한 게 가난이야." 나는 또 말했다. "오동나무에 달빛 비치는 게 가장 아름다워. 커다란 잎사귀의 그림자가 땅에서 일렁이는 게 마음에 들거든."(2. 264~266)

임노는 인격이 훌륭한 사람이다. 척 봐도 유만주 군을 아끼고 배려하는 마음이 남달랐다. (임노라는 이름은 기억하는 게 좋겠다. 이렇게만 말하겠다. 세상을 떠난 만주의 일기장을 꼼꼼하게 읽고 정리한 이가 바로 임노라고.) 임노 같은 이가 곁에 있다면 유만주 군의 상태가 지금보다 나빠지는 일은 없을 것 같았다. 나는 유만주 군이 화장실에 간 동안 임노에게 유만주 군을 잘 지켜봐 달라고 부탁했다. 미리 준비해 둔 항우울제도 건넸다. 임노는 사람 좋은 미소로 대답을 대신했다.

임노의 집에서 나오자마자 유만주 군이 박지원의 이름을 꺼냈다. 박지원을 다시 찾아가고 싶다고. 내일도 모레도 아닌 바로 지금. 동행하겠다고 말하자 유만주 군이 고개를 저었다.

"혼자 가겠습니다."

"괜찮겠습니까?"

"괜찮을 겁니다."

나는 고개를 끄덕이고 손을 내밀어 악수했다. 달빛에 유난히 붉어 보이는, 꼭 소년다운 어여쁜 손이었다. 내가 할 일은 다 끝났다. 헤어지기 전에 한마디만 해 주었다. 다시 사자 지옥에 빠지면 임노에게 와 달라는 편지를 쓴 뒤 곧장 화장실부터 가라고. 화장실 앞에 활짝 핀 꽃부터 바라보며 임노를 기다리라고.

호랑이인가, 똥개인가

박지원의 집으로 향하는 우리의 주인공 소년 만주의 발걸음이 처음 방문할 때처럼 가볍고 날렵하지는 못하다. 허벅지에 모래주머니를 차고 달리는 마라토너처럼 한 걸음 한 걸음이 무겁고 힘든 데다 땀이 쉼 없이 흐르고 또 흘러 온몸을 흠뻑 적실 지경이다. 바위 같은 걱정도 빠질 마음이 없던 터라 "그럼 나도!" 하고 외치며 온 힘을 다해 머리를 세게 억누른다. 걱정의 절반은 늦은 밤의 갑작스러운 방문이라는 데 이유가 있다. 공식적인 용무는 없다. 유한준과 박지원의 편지 왕래가 소강상태이기에 전하거나 받을 편지가 없다는 뜻이다. 걱정의 나머지 절반은 자신이 풀지 못한 문제에 대한 답을 알아내기 위한 방문이라는 점 때문이다. 그전의 만주라면 박지원의 집 앞까지 왔다가도 이런저런 생각 끝에 발길을 돌렸을 것이다. 무엇보다 예절에 크게 어긋나고, 설사 만남에 성공해도 상대가 어떻게 나올지 예측조차 할 수 없다. 다른 이도 아닌 괴중년 박지원이다. 말발로 단번에 기를 죽이거나 몽둥이로 볼기짝을 때리거나 호랑이 같은 포효로 정신을 단번에 뒤흔들어 놓을 수도 있는 인간이다.

그런데 만주가 변했다. 사자 소굴에서 빠져나와 어렵게 인간 세계로 귀환한 만주는 그저 그렇게 평범하던 전과 다르다. 아무리 무서워도 박지원을 만나지 않고 돌아갈 수는 없다. 어떻게든 이번에는 끝을 봐야만 한다.

우리의 주인공 만주가 박지원의 집 앞에서 한 의례적인 행동과 하인의 안내 등등은 생략하자. 외출했던 박지원이 만주가 도착하기 바로 전에 돌아왔다는 운명적인 우연에 대한 『주역周易』 수준의 지루한 설명도 생략하자. 중요한 건 박지원이 만주의 방문을 흔쾌히 받아들였다는 사실뿐. 사회성 결여가 만들어 낸 처음 몇 분의 다소 혼란스러운 상황이 말끔하게 정리되고 드디어 박지원과 단둘이 있게 된 만주가 오랫동안 가슴에 담아두었던 말을 이번에야말로 단도직입적으로 꺼냈다.

"도무지 글이 폼나게 써지지 않습니다."

박지원이 멀뚱멀뚱하게 만주를 바라보았다. 만주는 흐르는 식은땀을 머릿속으로만 닦으며 박지원을 보았다. 묵묵부답. 역시 꿈은 꿈이고 현실은 현실이다. 박지원은 만주의 노력을 칭찬하지도 않고, 비웃지도 않았다. 악마처럼 클클클 웃지도 않으며 그저 묵묵부답으로 일관할 뿐. 멀뚱멀뚱하기만 한 눈동자가 어쩐 일인지 맑기보다는 탁하고. 만주가 저린 발가락을 슬쩍 꼼작거린 순간 박지원이 드디어 입을 열었다.

"글을 폼나게 쓰고 싶은데 도무지 글이 나오지를 않는다고?"

"네, 선생님처럼 글을 폼나게 쓰고 싶은데 글이 전혀 나오지를 않습니다."

"나처럼?"

"네, 선생님처럼."

"안타깝겠군."

"네, 안타깝습니다."

"그래서?"

"네?"

"그래서 내게 뭘 원하는 건가? 자네가 원하는 폼나는 글을 대신 써 주기라도 바라나?"

"그럴 리가요. 제가 원하는 건 하나뿐입니다. 폼나게 글 쓰는 법을 이번에는 구체적으로 알려 주시면 좋겠습니다. 화두 말고 지침을 주십시오."

물론 이때의 지침은 시곗바늘이 아니라 '방향과 목적 등을 가리켜 이끄는 길잡이나 방침'(『고려대 한국어대사전』. 이번에도 고맙습니다.)을 말하는 것이겠다. 짧은 문답 뒤 다시 이어진 묵묵부답에 답답해진 만주는 박지원이 평고 공처럼, 사과처럼 획 던진 예가 어쩌고저쩌고하는 글쓰기 비법을 제대로 풀어 보려고 자신이 한 모든 행동을 차근차근 설명했다. 되도록 짧게 요약하려고 노력했지만, 이야기를 전달하면서 중요한 세부를 빼놓을 수는 없었기에 하나하나 짚고 넘어가느라 시간이 꽤 흘렀다. 그 와중에도 만주는 분명히 보았다. 어느 순간 박지원의 얼굴에 난처해하는 표정이 잠깐 드러났다 사라진 것을.

만주의 이야기가 모두 끝나자 박지원은 "『논어』라 이거지." 하고 혼잣말을 하면서 자기 앞에 놓인 『논어』를 이리저리 펼쳐 보았다. 갑자기 박지원의 얼굴이 밝아졌다. 뭔가를 깨달은 것처럼. 조금 과장하면 달밤에 무지개라도 본 것처럼. 깨달음 하나로 여유를 되찾은 박지원이, 눈동자가 맑아진 박지원이 전처럼, 꿈처럼, 클클클 악마처럼 웃으며 물었다.

"그러니까 정리하자면, 글을 폼나게 쓸 수 있는 법, 그것도 기본 원칙이 아니라 세부 지침을 알려 달라는 건가?"

"그렇습니다. 세부 지침요."

"세부 지침이라……."

"네, 정확한 세부 지침요."

"그렇다면…… 네가 한 노력이 제법 가상하니 그냥 돌려보내서는 안 되고 뭔가를 주기는 해야겠다. 잘 들거라. 준비됐느냐?"

"준비됐습니다."

"그럼……."

박지원은 타구에 진한 가래침을 다시 뱉은 뒤 근엄한 목소리로 가르침을 베풀었다.

예가 아니면 보지 말고,

예가 아니면 듣지 말고,

예가 아니면 말하지 말고,

예가 아니면 움직이지 말라!

"네?"

"벌써 귀가 어두운가 보구나. 다시 말해 줄까? 예가 아니면……."

"아닙니다. 제대로 들었습니다. 하지만……."

"하지만 뭐?"

"전에 하신 말씀과 똑같지 않습니까?"

"당연히 똑같지. 그때나 지금이나 내 답은 똑같지. 그때도 나였고 지금도 나니까."

"하지만 전 아무리 고민해도 모르겠습니다. 방금 하신 말씀이 폼나게 글 쓰는 법과 도대체 무슨 관계가 있는지⋯⋯."

"『논어』를 제대로 읽기는 했느냐?"

"읽었습니다."

"그런데도 모르겠다?"

"모르겠습니다. 전혀 모르겠습니다."

박지원이 펼쳐 놓은 『논어』를 만주에게 슬쩍 밀면서 말했다.

"그럼 한번 소리 내 읽어 보게나."

이건 또 도대체 뭔가? 낭독 시험인가? 놀려 먹는 건가? 도대체 이 양반이⋯⋯. 만주는 마음속에서 온갖 질문과 분노와 욕이 쏟아졌지만, 꾹 참았다. 어차피 마지막이라 생각하고 『논어』를 읽기로 했다. 우리 똑똑한 독자들께서는 이미 깨끗하게 잊어버렸을 테니 문제의 대목을 다시 소개한다.

안연이 인을 여쭈었다. 이에 공자께서 말씀하시었다. "자기를 이기어 예로 돌아가는 것을 인이라고 한다. 하루라도 자기를 이기어 예로 돌아갈 수 있다면 천하가 모두 인으로 돌아간다. 인을 실천하는 것은 오로지 자기로 말미암는 것이니, 어찌 타인으로 말미암아 인을 실천할 수 있겠느뇨?" 안연이 말씀드렸다. "그 세목을 여쭙겠나이다." 공자께서 말씀하시었다. "예가 아니면 보지 말고, 예가 아니면 듣지 말고, 예가 아니면 말하지 말고, 예가 아니면 움직이지 말도록 하라!"[13]

"아직도 모르겠느냐?"

"여전히 모르겠습니다."

"한심하구나."

"그러니까 다시 온 것입니다."

"인을 실천하는 주체는 누구라 했느냐?"

"자기로 말미암는 것이라 했습니다. 어찌 타인이 인을 실천할 수 있겠느냐 했습니다."

"그래도 모르겠느냐?"

"모르겠습니다."

"인이 그렇다면…… 글쓰기도 마찬가지다."

"네?"

박지원은 호랑이처럼 눈을 부릅뜨고 곰처럼 커다란 목소리로 외치듯 말했다.

"글을 쓰는 건 바로 너란 말이다. 네가 글을 폼나게 쓰지 못하는 이유는 단 하나뿐, 글을 쓰는 사람이 너란 사실을 잊어버렸기 때문이다. 이제 알겠느냐?"

박지원의 일갈을 들은 만주는 어떻게 대답했을까? 상대방의 기세와 반비례하는 만주의 성향을 고려하면 조용히 "네." 하고 대답했을 가능성이 높다. 하지만 CSI의 첨단 기기로 정밀하게 음성을 분석해 보면 "네!"가 아니라 "네……."에 가깝다.

그런데 박지원이 간과한 사실이 하나 있다. 눈앞에 앉아 있는 만주가 예전의 만주가 아니라는 것. 예전의 만주보다 한결 냉정해지고 관찰력이 좋아진 만주는 자신이 비법을 이해하려고 애쓴 이야기를 들려줄 때 몹시 난처해하던 박지원이『논어』를 훑어본 뒤 얼굴이 무지개처럼 밝아지고 클클클 악마 같은 웃음을 다시 지었다는 사실을 놓치지 않았다.

박지원의 행동에 대한 나와 만주의 새로운 추측은 이렇다. 맹수처럼 쏟아 낸 일갈이 오래된 생각이 아니라 방금, 그러니까 즉석 밥처럼 방금 만들어졌다는 것이다. 무슨 뜻인가? 처음 박지원을 만나 예가 어쩌고저쩌고하는 글쓰기 비법을 듣고 고민한 만주가 썼다 지운, 절대 아니라고 믿은 가설을 다시 호출한다.

가설 4. 박지원 선생님의 기분이 살짝 별로였다. 그래서 대답의 방향이 약간 어긋난 것 같다.

가설 5. 어쩌면…… 그냥 농담일까? 이유라곤 전혀 없는…….

사실 만주는 오랜 고민 끝에 다시 만난 박지원에게 글이 폼 나게 나오지 않는다고 털어놓은 순간 곧바로 알았다. 박지원이 혼탁한 눈을 멀뚱멀뚱하며 묵묵부답으로 일관하는 것을 보고 사무치는 진실 하나를 깨달은 것이다.

'이 사람은 그때 일을, 자기가 한 말을 제대로 기억하지도 못하는구나.'

만주에게 박지원은 하나부터 열까지 모든 것을 닮고 싶은 대작가였다. 하지만 박지원에게 만주는 수많은 독자 중 한 명에 지나지 않았다. 박지원은 처음부터 만주의 질문을 열혈 독자의 팬심에서 흘러나온 평범한, 아니 식상하고 지겨운 질문 이상으로 받아들이지 않았던 것. 그래서 하품을 꾹 참고 그저 머리에 떠오르는 대로 아무렇게나 대답한 것. 결국 만주만 진지했다는 것. 어떤 일본 드라마의 대사처럼 누군가에겐 살아갈 힘의 전부였던 그 무엇이 또 다른 누군가에겐 그저 싸구려 꽃무늬 변기 커버에 지나지 않았던 것. 만주의 마음을 전혀 읽지 못한 박지원은 자기 대답에 흥분한 나머지 사족까지 붙였다.

"이해하기 어렵다면 조금 더 말해 주마. 천하의 역적 허균許筠도 일찍이 남의 것을 답습하는 자와는 자리도 함께해서는 안 된다고 주장했지. 왜냐? 그 사람은 남의 집 아래 집을 짓는 꼴이거든. 자네는 눈길도 주지 않았겠지만 참선을 통해 스스로 깨치는 것을 중시하는 선가의 거봉 암두선사 또한 하늘을 보고 외쳤지. '내 진리로, 내 깨달음으로 하늘을 덮고 땅을 디디겠다!' 하고 말이야. 어떤가? 이만하면 충분한가?"

만주는 박지원이 덧붙인 말은 제대로 듣지도 못했다. 왜? 만주는 가슴이 저렸다. 눈물이 찔끔 났다. 모멸감을 느꼈다. 손바닥이 뜨거워졌다. 적어도 이번만큼은 소리 높여 박지원을 비난하고 싶었다. 사람에게, 간절한 사람에게 이래서는 안 되기에. 그러나 아무 말도 하지 않기로 했다. 박지원을 생각해서가 아니라 자신을 위해서다. 지금 제어하지 못하면 다시 사자 소굴에 빠지고, 업그레이드된 사자 소굴에서 탈출하는 데는 더 많은 시간이 걸릴 것이다. 게다가 박지원은 자신이 (말 그대로) 창작해 낸 대답에 만족해 여전히 클클클 악마처럼 웃고 있었다. 꼭 어린애 같은, 철부지 소년 같은 그 모습이 의외로 보기에 나쁘지 않다. 나 때문에 누군가가 즐겁다면 좋은 거니까. 또 하나, 박지원이 급조한 대답엔 놀랍게도 어느 정도의 진실, 의미

심장한 진실이 있었다. 박지원은 만주에게 이렇게 말하는 것이나 마찬가지였다.

나를 보지 말고 너를 보라.

뻔하고 식상한 말이다. 그러나 뻔하고 식상하다고 진실이 아닌 건 아니다. 박지원의 글은 만주에게 기쁨이면서 슬픔이다. 신묘한 솜씨에 감탄하는 건 기쁨이지만 자신이 그에게 못 미친다는 결론은 슬픔이다. 그런 박지원이 만주의 속을 들여다본 듯 말했다. 나 박지원을 보지 말고 너 유만주를 보라고. 그렇다. 박지원은 박지원이고 유만주는 유만주다. 이것만큼은 만고불변의 진리다. 그렇다면 박지원의 답은 역시 화두다. 그 자신이 알았건 몰랐건 간에. 의도했건 의도하지 않았건 간에. 만주가 박지원에게 큰절을 올렸다.

"오늘도 커다란 깨달음을 주셨습니다. 고맙습니다."

"뭘, 열심히 노력한 사람에게 이 정도는 베풀어야지. 사람들이 손가락질하며 비웃는 만큼 막돼먹은 인간은 아니라네. 자네처럼 진지한 사람은 언제든지 환영. 의논할 일이 있으면 앞으로도 자주 찾아오게."

"알겠습니다. 말씀만이라도 고맙습니다."

"잘 알아들었군. 혹시 또 올까 봐 속으로 살짝 후회했네."

"염려하지 않으셔도 됩니다."

"농담일세, 농담."

"진담이라는 거 다 압니다."

"밤이 깊었네."

"돌아가겠습니다."

"자, 그럼 앞으로도 열심히 쓰게나. 파이팅!"

만주는 수줍게 손을 들고는 이렇게 말했다.

"선생님도 파이팅!"

집으로 돌아온 만주가 일기장을 펼쳐 오늘따라 폐허처럼 텅 빈 종이를 한참 바라보다 이렇게 썼다. 무슨 뜻인지는 똑똑한 여러분이 알아서 밝혀내길 바란다.

숲에서 나오지 않는 사나운 호랑이가 되어야 할 따름이다.

(1, 69~70)

조인성 또는 공유를 닮은
귀공자의 냉철한 시선

어느 날 밤, 시인 이단전李亶佃이 만주를 불쑥 찾아왔다. 참고로 단전은 정신을 수련하는 호흡법에서 말하는 배꼽 아래 단전丹田이 아니라 진실로 단, 밭 갈 전을 합해 진짜 종놈이라는 뜻이다. 한마디로 보기 드물게 이름과 실체가 일치하는 인물이 바로 이단전이다. 원래 (박지원의 절친이자 만주의 일가친척으로, 내가 이 글에 등장시킬지를 두고 진지하게 고민하다가 마지막에 탈락 버튼을 누른) 유언호俞彦鎬의 하인이었다. 〈쇼생크 탈출〉에 감동한 영화광 유언호가 재주 많은 하인에게 선뜻 자유를 선물한 뒤 이단전은 프리랜서, 정확히 말하면 동가식서가숙하는 노숙 전문 시인으로 활동했다. 그럼 이단전이 깊은 밤에 만주를 불쑥 찾은 이유가 뻔하다. 그런데 만주에게 밥과 술을 얻어먹고 하룻밤 무료 숙박 혜택까지 받은 이단전은 밥값과 방값을 해야 한다는 부담감에서 벗어나지 못한 나머지 대뜸 충고를 날렸다. 빙빙 돌리지 않고 직설적으로.

"사람이 왜 이리 소심하십니까?"

단전, 아니 딴전 부리기의 명수 이단전이 만주에게 답할 시간도 주지 않고 곧바로 시를 읊었다.

산을 보니 도道 절로 고요해지고
물소리 들으니 마음 그저 텅 비누나.

우짖는 바람에 고목은 슬퍼하고
무겁게 서리 내려 시든 꽃 흐느낀다.

가을의 사념은 몽환에 잠겨 들고
새벽 달빛에 벌레 소리 또렷하다.

강물 소리 울리는데 배는 절로 가고
숲이 고요하니 새는 날기를 잊네.

(너무 길어 여기서 컷.)(2. 97~98)

으흠, 시라……. 나라면 이렇게 평하겠다. 과부가 깊은 밤에 소리 죽여 우는 듯한, 나그네가 추운 새벽에 일어나 길 떠나며 한숨을 쉬는 듯한 시라고. 명작은 아니지만 취할 구석이 있는 시라고.

어떤가? 쓸 만한 평인가? (흐흐. 저도 시는 좀 읽을 줄 안답니다. 그 어렵다는『헤겔 시학』도 화장실에 떡하니 갖춰 놓았답니다. 책 읽기에 가장 좋은 곳은 역시…….) 사실 내가 앞에 쓴 건 남공철의 평이다. 딱히 이 시에 대한 평이라기보다는 이단전의 시 세계 전반에 대한 품평이다.[14]

남공철? 어디서 들어 본 이름이라는 사람이 한둘은 있겠지? 그렇다. 이 이름, 앞에서 내가 기억하라고 한 엄친아다. 내가 최소 실비를 계좌에 보내는 유치한 방법을 써서 거의 억지로 파견한 초현실 인본주의 심리학자 모모 씨가 조-인-성 또는 공-유를 닮은 눈부신 외모에 감탄했다고 한 바로 그 남자. 만주가 달밤에 만난 잘생긴 남자. 척독에 대해 외모처럼 멋지게 설명한 남자.

우리의 주인공 만주는 바로 이 귀공자 남공철을 통해 이단전을 알게 되었다. 남공철은 귀공자라는 별명이 아깝지 않은 사람이다. 경화세족, 즉 한양 양반 중에서도 최상위 집단에 속했는데도 (오늘날의 삼성이나 엘지 급이다.) 신분이 다른 사람들과 거리낌 없이 교우하는 아량이 있었다. 훗날 이조판서를 지낼 때는 하도 뇌물을 멀리해서 집 앞이 파리 날리듯 한가했다는 일화가 전할 만큼 성품과 몸가짐도 모범 그 자체였다. 집안 좋고 잘생긴 데다 성격도 훌륭하고 처신도 똑바르던 엄친아 중의 엄친아! 그렇다면 당장 의문이 하나 생긴다. 만주가 도대체 어떻게 남공철과 친구가 되었을까? 여태껏 살펴본 만주의 뭐랄까, 조금 소심하고 편벽한 주변머리로는 맷 데이먼의 화성 탈출보다 더 불가능한 미션처럼 보인다. 맞는 말이다. 만주 성격에 제 발로 남공철의 집을 찾아가지는 않았을 것이다. 그렇다면? 남공철이 먼저 친구 하자고 했다? 글쎄, 그거야말로 벤 애플렉이 배트맨 연기로 찬사를 받기보다 더 어려워 보인다. 그렇다면? 걱정 마시라. 우리에겐 만병통치약인 만주의 일기장에 결정적인 힌트가 있다.

『뇌연집雷淵集』이 요사이 벌써 많이 팔렸는데 그 값은 200푼에 불과하다 한다. (……) 일생의 힘을 다 쏟아 이루어 낸 문장이 (……) 결국에는 두 냥어치로 귀결되다니. 문장은 해서 또 어디다 쓰겠는가!(1. 188)

『뇌연집』은 남유용南有容의 문집이다. 만주는 문장가로 이름을 날린 남유용의 책이 달랑 두 냥에 팔리는 현실에 분노하고 있다. 공감이 간다. 내가 쓴 책이 모모 중고 서점에서 70퍼센트 할인된 가격으로 팔리는 걸 두 눈으로 똑똑히 보았을 때와 비슷하다고나 할까?

남유용은 우리의 초단순 분류, 즉 전통적인 글쓰기와 참신한 글쓰기라는 무식하고 용감한 분류상 전통을 충실하게 따른 작가들 가운데 초일류에 속한다. 만주가 참신한 글쓰기를 선호했음은 이미 여러 차례 밝혔다. 그렇지만 분명 한 시대를 풍미하는 작가에 대한 푸대접이 폼나게 글을 쓰고 싶다는 욕망에 사로잡힌 만주에겐 무척이나 가슴 아픈 일이었을 것이다. 창작자를 외면하고 잘 되는 나라는 못 보았다. 작가를 거지발싸개같이 여기는……. 아, 다시 본론으로 돌아가자. 남유용의 글을 논하는 자리가 아니며 작가에 대한 푸대접을 고발하는 자리는 더더욱 아니다. 우리에게 중요한 건 따로 있다.

남유용은 유한준의 스승이며 남공철의 아버지다. 이런 인연 때문에 교우의 폭이 넓지 않은 만주가 남공철과 우정을 나눌 수 있었다. 그런데 남공철에 관해 중요한 사실이 또 있다. 그는 박지원의 장인 이보천과 이종형제다. 그래서 남공철은 젊은 시절부터 박지원과 무척 가까웠으며 흔히 친박지원파로 분류되는 이덕무, 박제가朴齊家와도 자주 어울렸다. 다시 말해, 남공철은 만주와 박지원을 설명하기에 꽤 유용한 인물인 셈이다.
배우에 비유하자면, 얼굴이 잘난 데다 연기력도 된다는 말씀!

유한준 ← 제자와 스승 → 남유용 ← 이종사촌 → 이보천

아버지와 아들 　　　아버지와 아들 　　　장인과 사위

유만주 ← 교유 → 남공철 ← 교유 → 박지원

정확히 말하자. 남공철은 단순히 대작가 박지원의 유명세에
홀려서 뒤를 따라다니던 박지원 키즈(김하라 선생의 표현인데 너무
폼이 나서 훔쳐 쓴다.) 가운데 한 명은 아니다. 그보다는 대작가
박지원을 말할 때 절대로 빼놓을 수 없는 다크호스 같은 인물
이라고 말하는 게 옳겠다. 박지원이 두 번 겪은 중요한 글쓰기
관련 사건에 모두 남공철이 등장하기 때문이다. (우리 만주는 아
쉽게도 두 사건 모두와 무관하다. 사건 현장에 만주도 있었다면 오늘날 그
의 위상이 확연히 달랐을 텐데.) 두 사건을 일어난 순서대로 살펴보
면, 먼저 『열하일기』 방화 미수 사건(이하 열방 사건)이다. 남공
철이 침착한 목소리로 들려주는 사건의 전말은 이렇다.

내 친구 박남수朴南壽가 자신의 집으로 박지원 선생을 초청
한 적이 있었다. 선생과 어울려 다녔던 이덕무와 박제가도 참

석했다. 달빛이 무척 밝은 밤이었다. 주빈 박지원 선생은 술과 음식을 잔뜩 즐긴 뒤 느릿느릿『열하일기』를 낭독했다. 작가의 목소리로 듣는『열하일기』라니, 모두 귀 기울여 듣고 있는데 박남수가 불쑥 끼어들었다. "문장은 역시 훌륭하십니다. 하지만 패관 기서를 좋아하시는 티가 팍팍 나니 예스럽고 우아한 글쓰기 전통에는 별로 도움이 안 될 것 같습니다."

가만히 있을 박지원 선생이 아니었다. 선생은 일갈했다. "네 까짓 놈이 도대체 뭘 안다고 씨부렁거리느냐?"

박지원 선생은 아무 일도 없던 사람처럼 다시 낭독을 이어 갔다. 역시 잔뜩 취한 상태였던 박남수는 갑자기 의자를 끌고 촛불 옆으로 자리를 옮기더니 이렇게 외쳤다. "이런 쓰레기 책은 내가 싹 다 태워 버리겠습니다."

박남수는 촛불을 뽑아 들고는『열하일기』를 태우려고 했다. 깜짝 놀란 나는 박남수를 잡았고 이덕무와 박제가는 재빨리『열하일기』를 치웠다.『열하일기』는 무사했지만, 분위기는 썰렁해졌다. 화가 잔뜩 난 박지원 선생은 벌렁 드러눕더니 몸을 획 돌렸다.[15]

음주의 폐해를 드러내기에 딱 맞는 예라 할 만하다. 하마터면『열하일기』 초고본이 불에 타 사라질 뻔했으니. 다음 날 아침 박지원과 박남수는 술꾼들이 흔히 하는 방식으로 화해한다. 박지원이 먼저 자신의 잘못을 인정하는 듯한 말을 한 뒤 술 한 잔을 비우고 (아마 자신도 잘못이 있다고 말했을) 박남수에게 한 잔 권했다. 같이 있었다는 죄로 다른 사람들도 덩달아 술잔을 비 웠으며 술잔이 돌고 돌다 보니 또다시 다들 술에 취했다는…… 뭐 그런 검은 뫼비우스의 띠 같은 이야기. 박지원은 그중에서 도 가장 심하게 취해서 오리처럼 꽥꽥 소리를 질러 댔겠고.

언뜻 보면 술자리에서 흔히 벌어지는 다툼으로 시작해 모두 하하 웃고 끝난 해피엔드 같다. 과연 그럴까? 남공철은 이 사 건을 겪은 뒤 깨달은 점도 기록했다.

박지원 선생의 뛰어난 기질과 자기를 비울 줄 아는 아량에 감 탄했다.

어딜 봐도 나쁜 이야기는 아니다. 그러나 남공철의 깨달음은 이뿐만이 아니다.

박지원 선생의 뛰어난 기질과 자기를 비울 줄 아는 아량에 감 탄했다. 그리고 박남수의 의로운 논의가 옳은 것임을 더욱 잘 알게 되었다.

참 신통방통하다. 문장 하나를 뒤에 붙이니까 갑자기 앞 문장이, 박지원이 초라해 보인다. 그렇다면 남공철이 말하는 의로운 논의란 무엇인가? 문맥상 『열하일기』를 잘근잘근 씹고 태워 없애려 한 행동을 말하는 것이 분명하다. 즉 남공철은 박남수가 『열하일기』를 못마땅하게 여겨서 벌인 행동에 심정적으로 동의했다는 뜻이다. 사실 남공철의 속내는 열방 사건을 기록한 태도에서 이미 잘 드러난다. 박지원은 처음부터 끝까지 흥분 상태인 데다 평소보다 유난히 말이 많다. 하지만 박남수는 술 취한 사람치고는 무척 점잖은 태도로 『열하일기』의 내용을 비난한 것이 전부다. 더 의아한 건 사건 다음 날 아침의 풍경이다. 남공철에 따르면, 먼저 말을 꺼낸 쪽은 박남수가 아니라 박지원이다.

내가 이 세상에서 불우하게 지낸 지 오래되었다네. 그래서 문장을 빌어 불평한 기운을 펴서 제멋대로 논 것이지. 이 어찌 좋아서 한 일이겠는가?

뭐 조금 이상하기는 해도 연장자로서 분위기 수습을 위해 먼저 나선 정황이라고 여길 수 있다. 그런데 더 이상한 점이 있다. 그 뒤에 당연히 이어져야 할 박남수의 사과가 없다. 앞으로 가서 사건 다음 날 상황을 다시 살펴보자.

(아마 자신도 잘못이 있다고 말했을) 박남수에게 한 잔 권했다.

다들 제목은 들어 보았을 『작은 아씨들』에 이와 비슷한 사건이 있다. 에이미가 조의 원고를 촛불로 태워 버린 것이다. 다음 날 아침, 에이미가 사과하지만 조가 받아들이지 않는다. 자세한 내용이 궁금하신 분들은 『작은 아씨들』을 보시길. 중요한 건 이런 상황이 정상적이라는 데 있다. 무엇보다도 잘못한 사람이 먼저 사과해야 옳지 않은가?

에이미와 조는 싸우면서 크는 자매간이기라도 하지, 열방 사건에서 두 사람의 관계를 고려하면 문제가 한층 더 심각해진다. 박지원이 박남수보다 스물한 살이나 많은 데다 둘 다 반남 박씨 일족이다. 연장자와 일가의 의미가 지금보다 100배는 더 중요한 시절이다. 상식적으로 생각하면 박남수가 먼저 사과해야 했을 테고, 혹 그 기회를 놓쳤다면 박지원의 말이 끝나기가 무섭게 포환처럼 묵직한 사과를 화살처럼 빠르고 정확하게 날려야 했다고 보는 게 맞다. 하지만 남공철은 무슨 이유에선지 박남수의 사과에 대해서는 입을 다물고 박남수의 의로운 논의가 옳았다는 것으로 사건 정리를 끝냈다. 의미가 명확하다. 남공철이 보기에 박남수는 의사였다. 가운 입은 의사가 아니라 안중근이나 윤봉길 같은 의사義士.

이제 두 번째 사건을 소개한다. 이름하여 뇌물 회유 사건(이하 뇌유 사건).

어제 경연에서 천신에게 직접 말씀하셨습니다.

"요즈음 문풍이 이 모양 이 꼴이 된 것은 그 근본을 따져보면 모두 박 모모의 죄다. 『열하일기』는 내 이미 익히 보았으니 어찌 감히 속이고 숨길 수 있겠느냐? 박 모모는 법망에서 빠져나간 거물이다. 『열하일기』가 세상에 유행한 뒤에 문체가 이 모양 이 꼴이 되었으니 당연히 결자해지하게 해야 한다."

또한 선생님에게 아래와 같은 편지를 쓰도록 명하셨습니다.

"신속히 순수하고 바른 글 한 편을 지어 급히 올려보내 『열하일기』의 죗값을 치르도록 하라. 그러면 비록 남행南行 문임文任(남행은 남행열차의 목적지가 아니라 과거를 치르지 않고 하는 벼슬, 문임은 사람 이름이 아닌 종2품 제학)이라도 주기를 어찌 아까워하겠는가? 그러지 않으면 마땅히 중죄가 내릴 것이다."

1793년 1월, 규장각에서 직각 벼슬을 하던 남공철이 만년 백수 생활을 청산하고 안의에서 현감으로 일하던 박지원에게 보낸 편지다. 정조의 명령을 담은 편지의 내용은 간단하다. 『열하일기』가 대유행하는 바람에 사람들의 문체가 저속해졌다, 결자해지를 위해 순수하고 바른 글 한 편을 지어 보내라, 공짜로 받겠다는 건 아니다, 대가로 종2품인 홍문관이나 예문관 제학에 임명하겠다, 뭐 이런 이야기. 어이쿠, 나 같으면 당장 순수하고 바른 글 한 편을 써서 은하 특급 등기로 보내겠다. 글 한 편에 제학이라니, 이건 뭐 나한테는 노벨문학상 상금 수준이다. 물론 사태의 중요성을 깨달은 박지원도 즉각 답장을 보냈다. (박남수에게 한 말과 정확히 똑같게) 불우하게 지낸 지 오래라 글로써 유희를 삼았다는 변명을 먼저 쓴 뒤 자신의 결의를 밝힌다.

이런 결과가 초래된 원인을 따져 보면 다 어쭙잖은 재주 때문이었습니다. 대체 무슨 마음으로 그랬는지 모르겠습니다. 스스로 반성합니다. 올바른 글을 지어 바치겠습니다. 얼른얼른 허물을 고쳐 다시는 이 아름답고 평화로운 세상에서 글의 죄인이 되지 않겠습니다!

있는 폼 없는 폼 다 잡더니 박지원도 결국 권력과 돈 앞에서는 벌벌 떠는 그렇고 그런 인간이었네, 실망할 수도 있겠다. 그러나 나는 이 대목에서 박지원은 자기 잘못을 인정하는 데 능한 사람이 전혀 아니라는 점을 분명히 하고 싶다. 두 손 두 발 다 들었는데 무슨 말이냐고 반박할 수 있겠다. 일리 있는 의견 이다. 당시 박지원빠들도 이 사과를 말 그대로 진지하게 받아 들이는 치명적인 오류를 저질렀다. 잔뜩 흥분한 그들이, 사과 라는 게 비록 폼나게 아름다운 일은 아니지만 순수하고 바른 글 한 편을 보내기만 하면 종2품 제학 자리를 받게 되니 전화 위복, 즉 위기가 기회로 바뀌는 것이라며 임금님과 약속한 대 로 얼른얼른 글이나 쓰라고 박지원의 등을 떠밀었다. 박지원은 어떻게 했을까? 후원자들이 모두 모인 자리에서 악마처럼 클 클클 웃고는 날림 글씨로 찍찍 쓴 성명을 발표한다. 읽으면 읽 을수록 포복절도할 성명이다. 물론 내가 몸에 좋은 콜라겐을 듬뿍듬뿍 섞은 덕분이기도 하지만, 흐흐.

임금님의 분부는 전무후무한 은총입니다. 모두 두 손 들어 만 세 삼창합시다! (열기가 잠잠해지기를 기다렸다가)『열하일기』의 문체가 잘못되었다고 지적하셨으니 신하 된 도리로 벌을 받 아 마땅합니다. (박수 소리) 그런데 말입니다, 감히 견책을 받 은 자가 새로 글을 지어 올린다? 자신의 글이 바르다고 자처 한다? 그런 식으로 눈 가리고 아웅 해서 그 전의 잘못을 싹 덮으려 한다? 이거, 이래도 괜찮겠습니까? (후원자들이 잠잠해진다.) 제학 버슬을 주신다는 말씀은 스스로 반성할 수 있는 길을 열어 주신 겁니다. 볼 빨간 사춘기 소년처럼 이 말을 곧이곧대로 믿고 우쭐해서 곧장 새 글을 지어 바친다면 바라서는 안 될 것을 바라는 격이겠지요. 그건 신하 된 자의 큰 죄랍니다. 그래서 저는 새로 글을 지어 바치지 않겠습니다! (후원자들이 웅성거리는 소리가 높아지고 누군가 질문한다. 임금님께서 어서 새 글을 지어 올리라고 다시 분부하시면 어떻게 할 건가요?) 예전에 지은 글 몇 편과 이곳 안의에 내려와서 지은 글 몇 편을 뽑아 책자로 만들어 둘 생각입니다. 분부가 다시 내려오면 그중 하나를 눈 감고 뽑아 보내는 걸로 신하의 도리를 다할 생각이랍니다. (박지원, 손을 들어 파이팅을 외치고 유유히 퇴장한다.)

요약하자면, 순수하고 바른 글 한 편을 새로 써서 보내지는 않겠다는 것이다! 조금 더 심하게 말하면, 그런 명령을 아예 안 받은 척 생까겠다는 것이다! 분위기로 봐서 문제가 될 것 같지는 않지만 혹시라도 다시 분부가 내려오면 새 글이 아니라 그동안 쓴 글 중 하나를 제비뽑기하듯 정해 보내겠다는 것이다! (박지원은 남공철의 편지를 읽자마자 정조가 실제로 처벌하지 않으리라는 것을 눈치 챘다. 처벌할 뜻이 있었다면 남공철에게 편지로 설득하라고 시켰겠는가? 정조의 불같은 성격이라면 당장 파직하고 궁궐로 불러들였을 것이다.) 그 뒤 전개도 대단히 흥미로우나 이 글의 범위에서 벗어나므로, 궁금하신 분들은 역시 직접 돈과 시간을 들여 알 아보기를 바란다.

뇌유 사건을 통해 우리는 두 가지 사실을 확실히 알 수 있다.

첫째, 남공철은 이번에도 유체 이탈 화법을 구사한다. 열방 사건과 마찬가지로 자신이 『열하일기』를 어떻게 생각하는지는 밝히지 않는다. 박남수와 정조의 의견을 전달할 뿐이다. (흥미 롭게도 남공철의 편지가 그의 문집에는 없고 『연암집』에만 실려 있다.)

둘째, 열방 사건에서 남공철이 박지원의 사과로 인식한 말은 실상 사과가 아닐 수도 있다. 왜냐하면 박지원이 두 사건에서 거의 똑같은 문장을 쓰며 수습하기 때문이다. 무슨 말인가 하 면 비난에 대처하기 위해 박지원이 미리 만들어 놓은 모범 답 안이라는 뜻이다. 즉 불우한 나머지 글에서 즐거움을 찾았다 는, 언뜻 들으면 사과처럼 느껴지는 표현이 상대방의 반론을 아예 막아 버리기 위해 진작부터 준비한 문장이라는 뜻이다. (『방경각외전』의 집필 배경을 설명하는 과정에서 이재성이 구사한 작전도 이와 비슷하다. 그러나 이재성의 설명은 박지원처럼 당당하기보다는 방어 적이다.) 형식적인 사과 뒤에 바뀐 게 없다는 점이 결정적인 증 거다. 박지원은 여전히 참신한 글쓰기에 매진하고, 무조건 고 개를 숙이라는 임금의 요구도 사실상 대차게 거절했다. 오호,

나쁜 남자!

늘 옆으로 새는 박지원의 삐딱한 마음을 단번에 꿰뚫어 본 건 박지원을 접할 기회가 많던 남공철이 아니라 우리의 주인공 소년 스-토-커 만주다. 앞서 '유희'라는 두 글자로 박지원을 파악한 만주가 기사奇士 카드를 조커처럼 꺼내 든다.

> 세상에선 진실로 박지원 선생을 자포자기한 사람이자 파락호로 여기고 그 또한 파락호요 자포자기한 자로 달가이 자처하지만, 나는 이분을 기사(기이하고 특별한 선비)로 보아도 무방하리라 생각한다. 이분의 문장은 외도와 이단에 해당되지만 그 또한 재주가 남다르고 깨달음이 깊어 그런 것일 따름이다.
>
> (1, 231)

재주가 남다르고 깨달음이 깊다. 한마디로 보통 인간과는 생각 자체가 다르다는 것이다. 자, 이야기가 길어졌다. 본론으로 돌아가자. 박지원과 만주라는 엇박자 2인조에게 관심 있는 우리에게는 남공철과 만주가 만나 박지원에 대한 뒷담화 또는 디스를 여러 차례 주고받았다는 점이 중요하다. 흥미롭게도 박지원 앞에서나 공식 석상에서는 절대 자신의 뜻을 직설적으로 밝히지 않던 예의 바른 남공철이 또래인 만주에게는 기꺼이 속내를 털어놓는다는 점이다. 이런 뒷담화 또는 디스는 어떤가?

글을 가지고 노는 일은 북로에서 몹시 심한데 박지원 또한 그렇다.

화려한 문장을 쓰려는 욕구가 극에 이르면 사치로 들어간다. 그러니 박지원과 그를 따르는 무리가 북로에게 확 쏠리는 것도 이상할 게 없다.

남공철의 본심이 뭔지 확실히 알 수 있다. (선생이라는 호칭을 쏙 빼놓은 것도, 청을 북로, 즉 북쪽 오랑캐로 부르는 것도 재미있다.) 그랬다. 남공철은 박지원의 글을 높게 평가하지 않았다. 개인적으로 자주 만나는 사이라 공식적으로는 자제했으나 속으로는 혐오한 것을 알 수 있다. 남공철을 욕하려는 게 아니다. 분명히 그는 박지원에게 예를 다했다. 두 사람의 만남이 무척 오랫동안 이어졌다는 것이 그 증거다. 정조가 뇌유 사건에 남공철을 동원한 것도 둘의 관계를 잘 알았기 때문이다. 하지만 글쓰기에 관해서는 사정이 좀 달랐다. 남공철은 박지원의 글을 절대로 좋아하지 않았다. 게다가 남공철에게는 그 나름대로 박지원의 글쓰기가 탐탁하지 않을 만한 이유가 있기도 했다. 남공철의 아버지 남유용이 정조에게도 스승이었으며 전통적인 글쓰기의 대가다. 임금인 정조조차 존경의 뜻을 여러 차례 비친 아버지의 글쓰기 노선에 굳이 반대할 이유가 없었다. 정조의 사랑은 남공철에게도 이어져 사석에서 그를 '우리 집안사람'이라고 부를 정도였다. 정조가 지지하는 전통적인 글쓰기는 당대의 권력 집단인 노론에서도 지지했다. 김조순金祖淳, 심상규沈象奎 등과 함께 노론의 미래를 이끌 신성 중 한 명이던 남공철은 아버지와 노론을 배신할 생각이 전혀 없었던 것.

이런 남공철이 노골적이지는 않아도 언뜻언뜻 박지원을 편드는 말을 하던 만주에게도 점잖게 경고장을 날린다. 교양 넘치는 귀공자답게 직접적이지 않고 간접적인 방법으로. 그것도 다른 이에게 보낸 편지를 통해 슬쩍.

만주는 경전과 역사에 밝고 그중에서도 명나라 말에 일어난 일들을 잘 알고 있으니 산 빛과 물소리 속에서 그의 이야기를 듣는다면 아취가 넘치는 일이겠지요. 다만 만주는 전겸익의 글을 지나치게 좋아해서 고치기 어려운 버릇이 되어 버렸습니다. 우리가 마땅히 충고해서 순정한 데로 돌아오게 해야 할 것입니다.[16]

남공철의 지적대로 만주는 전겸익을 무척 좋아했다. 일기장 곳곳에 전겸익에 감탄하는 문장을 남겼다.

전겸익의 문장을 읽으면 마음을 뺏겨 길을 잃고 돌아올 줄 모르게 되며, 잠깐이라도 그 곁을 떠나지 못할 것 같다.

(전겸익의) 글을 읽으면 누워 있다가도 벌떡 일어나게 되고 흐리멍덩해 있다가도 정신이 깨어나며 답답하던 마음이 트이게 된다.(1. 227~228)

그렇다면 박지원은 어떨까? 박지원은 『열하일기』에서 전겸익을 비난하는 듯한 태도를 여러 번 보였다. 혐오의 기운이 하늘을 찌르는 다음 문장을 한번 보자. 감정이 듬뿍 섞인 문장, 우락부락한 눈초리와 호랑이의 포효 같은 음성이 저절로 느껴지는 문장. 아무리 봐도 문학적인 비평은 아니다.

세상에 처신한 그의 행동은 반은 한족이었고 반은 되놈이었다. 그의 문장의 반은 유학자의 문장이며 반은 불교도의 문장이었다. 명예나 절개라는 것은 눈을 씻고 찾아보아도 없으며, 마침내는 부랑배라는 호칭을 면하지 못했다.

앞의 글을 보면 박지원이 전겸익에 대해 아예 등을 돌렸다고 생각할 수 있겠지만 반전이 있다. 박지원은 참신한 글쓰기 분야에서 원조 중의 원조라 할 원굉도袁宏道를 무척 좋아했다. (원굉도에 대해 자세한 설명은 생략한다. 엄청나게 중요한 인물을 도저히 짧게 설명할 재주가 없기 때문이다. 이럴 때는 『역주 원중랑집』이 있다는 정보만 흘리고 재빨리 피하기!) 자존심으로 먹고사는 인간이라 직접적으로 밝힌 적은 별로 없지만, 그가 원굉도를 좋아한다는 사실은 당대 조선에서 글쓰기에 조금이라도 관심 있는 사람이면 누구나 아는 상식이었다. 그러니 만주도 들은 소문과 자신의 판단에 따라 일기장에 이렇게 적었겠다.

박지원 선생은 다음과 같이 자부했다고 한다. "나의 문장은…… 사마천, 반고班固를 따른 것이 있으며…… 원굉도, 김성탄을 따른 것이 있다."[17]

그런데 문학비평에도 일가견이 있던 남공철은 참신한 글쓰기를 비판하는 글에서 원굉도와 전겸익의 이름을 함께 언급했다. 넓게 보면 같은 부류라는 뜻이다. 사실 박지원이 전겸익을 천하의 나쁜 놈처럼 말한 건 명의 유신인 그가 청에서 벼슬을 했기 때문이다. 박지원이 단호 그룹의 일원이나 마찬가지였다는 사실을 떠올려 보면 좋겠다. 그러니까 전겸익의 글보다는 박쥐 같은 처신이 더 문제였다.

전겸익의 이름으로 만주를 슬쩍 압박하던 남공철이 어느 날에는 만주를 만나 조금 더 위험한 미끼를 던진다.

"요즈음 박지원의 글에 대해서는 어떻게 생각하는가?"

만주는 이렇게 대답했다.

"박지원 같은 이는 기이하고 가파르고 사치하고 호방한데 너무 힘을 기울인 나머지 잡가의 부류로 흘러갔고 그 결과 소품으로 귀결됐지."

지금껏 우리가 살펴본 만주의 평소 생각과 조금 다른 점이 눈에 띈다. 선생이라는 호칭을 슬며시 빼 버린 것에서부터 치열한 눈치 싸움의 기운이 느껴진다. 박지원을 격렬하게 비난하는 데 동참하고 싶지 않고, 남공철의 생각을 정면으로 반박하고 싶지도 않다는…….

만주의 일기장을 뒤져 보면 이와 비슷한 상황이 몇 차례 나타난다. 즉 말발이 강하거나 자신보다 집안이 좋은 상대를 만나면 자기도 모르게 움츠러든다. 몇 가지 예를 보자.

(부유한 장서가) 민경속에게 한 대답: 박지원은 참으로 재주가 있다. 그러나 끝내 소설가로 머물고 있다.

(경화세족) 이시원에게 한 대답: 붓끝에 혀가 있어 신품이라 할 만하니 어떤 작품은 남유용이나 황경원보다 낫다. 그러나 박지원의 문장은 어여쁜 관기에게 비단옷을 입히고 화장을 한 것과 비슷하다.

(만주가 '혜'로 부른, 남공철의 친구) 김상임에게 한 말: 박지원의 『열하일기』는 만물과 만사를 제대로 형용하여 이를 본 적이 없는 후세 사람들이 제대로 이해하고 만들 수 있는 수준에까지 이르지는 못했다. 캉(중국의 난방 구조물)의 제도와 벽돌의 제도를 쓴 것이 결국 사람들을 완전히 이해시키지는 못했다. 그 기록을 살펴보고 실물을 만들 수 있을까? 어려울 것이다.

변명이 필요한 시점이다. 비록 눈치를 살짝 보기는 했어도 만주가 아예 마음에 없는 말을 하지는 않았다. 무슨 뜻이냐고? 만주는 박지원을 시종 높이 평가했지만, 그 엄청난 재주에도 기교에 치우친 소품으로 흘러갈 경향을 담고 있다는 점만큼은 늘 안타깝게 여겼다. 김하라 선생의 견해는 다소 모순되어 보이는 만주의 마음을 읽을 실마리를 준다.

만주는 평소 소설을 몹시 즐겨 읽으면서도 그것이 문장으로

서는 일정한 한계를 갖는다고 여기는 등 제한적으로 수용하
였고 소설을 좋아하는 자신의 모습을 남에게 특별히 내보일
만한 면모라고 생각하지 않았다. 박지원의 문장에 대해서도
자신의 개인적인 처지와 취향이라는 부분에서는 수용하고 긍
정하면서 타인에게 자신의 견해를 표명할 때에는 좀 더 높은
기준을 적용하여 평가하고 있다. 이러한 두 가지 태도는 모두
박지원에 대한 만주의 평가를 구성하는데, 여기서 박지원에
대한 제한적 긍정 내지 양가적 감정을 찾아볼 수 있다.[18]

남공철은 만주의 대답을 두고 이렇다 저렇다 토를 달지 않고
이렇게 말했다.

"사흘 후에 우리 집에서 작은 시회를 열기로 했다네. 박남수
와 이덕무와 박제가를 초청했다네. 아마 박지원도 오겠지. 자
네는 어떤가?"

두 번째로 박지원을 만나기 전이었다면 만주는 자리에서 일
어나 두 손 번쩍 들고 만세를 외쳤을 것이다. 고맙다며 숫기 넘
치는 소년처럼 남공철을 꽉 껴안았을 수도 있겠다. 하지만 이
때 만주는 달랐다. 그래서 이렇게 대답했다.

"일이 좀 있네."

물론 우리의 백수 만주에게 별다른 일은 없었다. 일 핑계를

댄 이유는 오직 하나뿐이었다.

만주는 박지원을 만나고 싶지 않았다.

영원히까지는 아니라도 당분간은. 결과적으로는 영원히가 되고 말았지만.

마지막으로 흥미롭고 유쾌한 아이러니 하나만 살펴보고 넘어가자. 흔히 문체반정이라 불리는 사건, 지금껏 일관되게 해온 방식대로 우리 마음대로 거칠고 단순하게 요약해 말하면 4대강 사업하듯 참신한 글쓰기에서 전통적 글쓰기로 물줄기를 확 바꾸려던 인위적 시도는 내가 다른 소설에서 주인공으로 캐스팅한 성균관 유생 이옥李鈺과 규장각 각신 남공철에 대한 처벌에서 시작했다. 그 덕에 남공철은 반성하고 또 반성한다는 길고 긴 반성문을 A4 용지 열 장에 꽉꽉 채워 제출해야 했다. 그러니까 유난히 남공철을 아끼며 눈여겨보던 정조에게는 남공철의 문장도 참신한 글쓰기 쪽, 다시 말해, 위험천만한 박지원 부류였던 것!

마지막은 눈물 찔끔 나는 편지 한 통

어느 맑은 날이라고 생각하자. 앞서 다룬 시기에서 몇 년은 훌쩍 지났다고 여기자. 똑똑 노크 소리가 들리고 얼마 있다 유한준이 얼굴을 내민다. 그가 편지 한 통을 건넨다. 박지원의 이름이 보인다. 물론 수신자는 만주가 아니라 유한준이고. 만주가 무표정한 얼굴로 편지를 받고는 책상 한쪽에 무심하게 올려놓는다. 유한준이 밖으로 나가면서 말한다.

"한번 읽어 봐라."

유한준이 나가자마자 만주가 편지를 노려보았다. 심장이 빠르게 뛰고 손바닥이 뜨거워졌다. 깊은 한숨이 이어지는 건 창세전부터 정해진 순서다. 못마땅한 듯 얼굴을 찌푸린 만주가 중얼거렸다.

"아버지는 어쩌자고 지원의 편지를."

잔뜩 찌푸린 얼굴과 '지원'이라는 어색한 호칭을 통해 만주의 기분이 나빠졌다고 판단할 수도 있겠다. 그런 분들은 롤랑 바르트가 쓴 『사랑의 단상』을 구입해 꼼꼼하게 읽길 바란다. 실연당한 뒤 곧바로 읽었다간 눈물바다에 익사할 수 있으니 주의하고! 우리가 종종 싼값에 불러서 요긴하게 써먹은 초현실 인본주의 심리학자 모모 씨를 다시 호출하면 '사람은 민감한 물질로 만들어진 덩어리'다. 그러니, 둘째가라면 서러워할 만큼 민감 덩어리인 만주는 익사하지 않도록, 으스러지지 않도록, 소멸하지 않도록 스스로 처방을 내린 것이다. 외면하기, 무시하기, 욕하기……. 그만하면 훌륭한 처방이라 여겼지만 사실은 그릇된 처방이라는 게 평범한 종이와 먹으로 이루어진 물질에 불과한 편지를 보는 순간 이미 드러났다. 만주의 사랑은 아직 끝나지 않았던 것. 그러니 여러분, 부디 진료는 의사에게.

만주는 편지를 향해 저절로 이동하는 손길을, 편지를 읽는 오토매틱 눈길을 도저히 막을 수가 없었다. 편지는 짧았고, 그래서 만주는 흥분이 가라앉기도 전에 편지를 내려놓았다. 하지만 곧바로 다시 편지를 들어 읽고, 내려놓고, 한숨을 쉬었다. 편지에는 시 두 편이 적혀 있었다. 시를 즐겨 쓰지 않는 박지원이 쓴 두 편의 시.

함께 살다 잠시 헤어졌는데 벌써 천년
먼 하늘로 돌아가는 구름 눈 아프도록 바라본다.
오작교 건너 만날 수 있을까
은하수 서쪽 달은 배처럼 떠 있는데.

그대 돌아가는 곳 산봉우리 아니면 강가
명정처럼 흔들리는 넋, 연기처럼 희미한 꿈
매화나무에 뜬 노란 반달
겨울새는 어스름한 달빛에 잠이 들었다.[19]

박지원이 쓴 도망시悼亡詩, 망자를 추모하며 지은 시다. 그리
고 이 시의 망자는 바로 박지원의 아내다. 그러니까 우리의 주
인공 소년 만주가 외면하고 무시하고 욕하면서 박지원을 잊으
려 애쓰는 동안 박지원은 동갑내기 아내를 잃었다. 만주가 편
지를 향해 다시 손을 뻗으려다가 황급히 거두면서 중얼거렸다.
"잡스럽기는."
여러분이 '잡스럽다'는 말을 아직 기억하리라 믿는다. 유한
준이 박지원을 평가하면서 쓴 말. 지금 만주가 이 말을 입에 담

았다는 건 박지원의 단점을 떠올리며 거리를 두려 애쓴다는 뜻이다. 객관적으로 냉정하게 보려 애쓴다는 뜻이다. 다시 말하면 박지원과 거리 두기가, 그를 객관적으로 냉정하게 보기가 여전히 쉽지 않다는 뜻이다. 왜? 박지원의 시는 맑고 아름답다. 추모의 시라기보다는 여전히 남아 있는 사랑의 고백에 더 가깝다. 무슨 말인가 하면, 망자의 장점만을 줄줄이 나열한 일반적인 추모시와 조금도 닮지 않았다는 뜻이다. 바꿔 말하면, 여전히 박지원답다는 뜻이다. 잡스러운 남자 박지원, 남과 다른 남자 박지원, 박지원다운 박지원. 만주가 슬며시 투정을 부렸다.

"당신만 힘들었던 줄 알아? 나도 힘들었다고."

만주의 말은 사실이다. 지난 몇 년, 만주는 바쁘게 살았다. 정원이 좋은 집을 골라 이사하고, 과거에 응시하고, 사람들을 만나고, 아들에게 정성을 기울이고, 자기다운 글을 쓰려고 노력했다. 결과는 보잘것없었다. 아니, 만주다웠다. 집값을 내지 못해 되돌아오고, 과거에는 응시하는 족족 떨어지고, 사람들에게는 외면당하고, 아들은 몸이 아프고, 마음에 드는 폼나게 아름다운 글은 여전히 쓰지 못했다. 헛걸음과 헛발질과 헛스윙의 무한 반복!

편지를 받은 뒤로 내내 쓸쓸한 표정이던 만주가 어느 순간 박지원처럼, 악마처럼 클클클 웃었다. 뭐랄까, 입으로 실패를 고백하고 나니 오히려 기분이 좋아졌다고나 할까? 박지원의 시 두 편이 염려와는 달리 훌륭한 약이 되었다고나 할까? 그랬다. 만주는 시를 읽으면서 그동안 외면하려 하던 진실, 존재하지 않는 허위라 여기려 하던 진실을 어쩔 수 없이 다시 깨달았다. 박지원과 자신 사이에는 건널 수 없는 재능의 강이 흐른다는 것을. 물이 깊고 험하며 다리가 없고, 사공도 없는. 지도에는 나와 있지 않으나 명확히 존재하는. 화가 나지는 않았다. 오히려 마음이 담담하고 편안해졌다. 내려놓았다고 말하며 다짐하고도 실은 내려놓지 못하던 마음의 짐을 드디어 벗어 버린 기분이었다.

만주는 갑자기 박지원의 글이 다시 읽고 싶어졌다. 행여 마음이 다칠까 싶어 몇 년간 꼭꼭 숨겨 두었던 글을 다시 꺼냈다. 그리고 읽기 시작하자마자 푹 빠져들었다. 푹 젖어 들었다. 전에는 몰랐는데 새롭게 눈과 마음을 치고 들어오는 글이 있었다.

진사 장중거는 자신을 가혹한 법으로 얽어 넣으려는 자가 생기자 자신의 행실을 뉘우치며 생각했다. '내가 아마 이 세상에서 용납되지 못할 모양이다!' 비방을 피하고 해를 멀리할

방도를 생각해 내어 거처하는 방을 깨끗이 쓸고 문을 닫아걸고 발을 내리고 살면서 '이존以存'이라는 큰 글씨를 걸어 놓았다. 용과 뱀이 칩거하는 것은 몸을 보존하기 위함이라는 『주역』의 구절에서 가져온 것이다.

마음속에 스스로 만족함이 있고 외물에 기대함이 없어야만 비로소 즐거움을 더불어 이야기할 수 있는 것이니, 표절해서 얻을 수 있는 것이 아닌데 어찌 억지로 힘을 쓴다고 이룰 수 있겠는가? 천지에 가득한 원기를 품고 하늘의 강건함을 본받아 쉬지 않으면 우러르고 굽어보아도 부끄러움이 없고, 비록 홀로 선다 해도 두렵지 않다.

만주는 방금 읽은 글을 한참 바라본 뒤 일기장에 이렇게 적었다.

사람이 은둔하는 것은 시대 때문이다.

홀로 누리는 자득의 즐거움이란 결코 쉽게 얻을 수 있는 것이 아니다. 폼나게 글을 쓰고 싶다는 내 욕망이 언제나 좌절되는 것이 그 증거이다.

자신이 쓴 평에 기분이 좋아진 만주는 오래간만에 의욕이 솟구치는 기분을 느끼고, 그 감정이 사라지기 전에 표를 하나 쓱쓱 그려 안을 채웠다.

통달한 선비	현명한 재상	유학에 정통한 어진 선비
절의를 지킨 사람	명신名臣	암혈巖穴에 은둔한 사람
정직한 신하	행적이 맑은 사람	특정 당파에 소속된 사람
훌륭한 역사가	청렴한 벼슬아치	나라에 공훈을 세운 사람
문장가	용감한 무인武人	유능한 신하
왕족 중의 빼어난 사람	부마 중 이름난 사람	효성스러운 사람
굳세게 정절을 지킨 사람	행실이 고상한 사람	기이한 재능을 지닌 사람
기예를 지닌 사람	호걸과 협객	비범한 기상을 지닌 사람
방외인方外人	이인異人	신승神僧
숨어 있는 신선	외척인 신하	편당을 짓는 사람
탕평을 이룬 사람	임금을 도와 왕권을 정립한 사람	범용한 신하
음란한 여자	소인배	왕의 총애를 받고 권력을 농단한 사람
권세를 누린 간신배	반란자	

만주는 표를 보다가 아래에 이렇게 적었다.

언젠가는 분명 나다운 인물 이야기를 폼나게 쓸 수 있을 것이다. 멀리 환인씨로부터 가까이 지금 임금의 조정에 이르기까지 관료와 백성 들의 자취를 오직 전傳으로 쓰되, 위와 같은 38가지 인물형으로 나누려 한다.(1. 45)

제법 만족한 만주가 우리도 읽어 본 적이 있는 문장 하나를 썼다가 급히 지웠다. "이 와중에도 또 지원이라니, 나도 참!" 하고 탄식하면서 클클클 악마처럼, 박지원처럼 웃으면서.

~~내가 그대를 위해 전기를 지었으니 아! 그대는 죽어도 죽지 않았습니다.~~

나는 믿는다. 언젠가는…….
그렇다.
언젠가는.
우리의 주인공 소년 만주가 언젠가는 자신이 바라던 인물 이야기를 분명 박지원보다 더 폼나게 쓸 수 있을 것이다. 죽은 사람이 되살아나 눈물 흘리며 박수를 보내는 불멸의 인물 이야기를!『방경각외전』은 저리 가라 할 만큼 방대하면서도 정교하면서도 섬세한 인물 이야기를! 아, 그런 슬픈 눈으로 보지 말길 바란다. 적어도, 다른 사람이 아닌 우리는 그렇게 믿어야 하지 않겠는가? 그래서 만주는⋯⋯. 자, 이야기의 결말이 궁금하신 분들은 다시 말하지만 만주의 일기를 꼼꼼히 읽어 보시길!

그냥 끝내기는 좀 그래서

두 사람이 유리창의 난간에 서서 거리를 바라본다. 선생이
문득 말한다.

"천하에 정말로 나를 알아주는 이가 단 한 명이라도 있다면
여한이 없겠지."

"아무도 없다면요?"

선생이 클클클 악마처럼 웃으며 말한다.

"바보나 미치광이로 살겠지."

"그렇게 살기 싫다면요?"

"성인이 되면 되지 않겠는가? 공자께서는 '남들이 나를 알아
주지 않아도 화를 내지 않으면 군자가 아니겠는가?' 하고 자부

하셨고, 노자께서는 '나를 알아주는 사람이 드물다면, 아마 나는 귀한 존재일걸.' 하고 껄껄 웃으셨으니 자네도 부디 성인이 되게나."

"그게 말처럼 쉽습니까? 저는 글 한 편도 폼나게 쓰지 못하는 한심한 사람입니다."

"노랫말에도 있잖나? '안 되는 일 없단다, 노력하면은⋯⋯.' 너무 올드 송인가? 그렇다면⋯⋯ '꿈을 꾸는 듯이 날아가 볼까, 저기 높은 곳 아무도 없는 세계⋯⋯.' 아무튼 이제 볼 빨간 사춘기 소년도 아니니 투정 부리지 말고 파이팅!"

이 마당에도 파이팅이라니, 그놈의 파이팅은 참 잘해요. 변함없이 똑같은 패턴에 짜증을 확 부리려던 만주의 눈이 커지고 입이 저절로 벌어졌다. 선생의 입에서 갑자기 나비들이 연이어 튀어나왔기 때문이다. 마지막 나비를 내보낸 선생이 입안에 손가락을 넣어 남은 나비가 없다는 것을 확인한 뒤 침을 퉤 뱉는다. 이제 정갈하고 텅 빈 입을 열어 말한다.

"폼나게 생긴 나비들이지? 1번 그룹이 공작나비, 2번 그룹이 멧노랑나비, 3번 그룹이 왕세줄나비라네. 내가 어릴 적 잡은 것들인데 예고도 없이 튀어나오다니, 유리창이 마음에 들었나 보군."

세 그룹으로 나뉘어 선생의 주위를 도는 나비들을 보며 만주는 뭐라 대꾸해야 좋을지 고민했다. 튀어나온 건 만주다운, 가장 소심하고 평범한 말이다.

"나비에 대해 잘 아시는군요."

"어릴 적에는 나비를 잡으려고 아침부터 밤까지 종일 들판을 뛰어다니곤 했지. 그거 아나? 압구정동도 신사동도 그때는 나비만 날아다니는 허허벌판이었다네! 그때가 참 그립네. 땅이라도 한 평 사 둘 것을. 자네, 혹시 「태사공자서太史公自序」에 나오는 나비 이야기는 기억하는가?"

"네, 나비 이야기요? 그런 건 읽어 본 적이 없습니다."

"「태사공자서」를 읽기는 했나?"

"지금 그걸 말씀이라고."

"『사기』는?"

"아이참……. 수십, 수백 번 읽었습니다. 「항우본기項羽本紀」는 줄줄이 외울 수도 있습니다. 항우의 기세에 놀란 제후들의 군대가 감히 싸움에 뛰어들지 못하는 부분은 천하에 둘도 없는 명장면입니다."

"또, 또, 또 「항우본기」. 하여튼 『사기』를 수박 겉 핥기로 대충대충 읽은 인간들은 꼭 「항우본기」 아니면 「자객열전刺客列傳」부터 입에 담지. 소감도 어쩌나 천편일률인지, 이빨 빠진 늙은 서생의 입에서 나오는 헛소리나 다를 바 없다네."

"저는 대충대충 읽는 사람이 아닙니다. 아직 이빨도 안 빠졌고요. 다들「항우본기」를 말하는 건 그만큼 글이 뛰어나기 때문이 아니겠습니까?"

"그런데 나비 이야기를 모른다? 그것도 그 유명한「태사공자서」에 나오는?"

"그런 내용은…… 인정하겠습니다. 아마 제가 읽은「태사공자서」는 완전한 글이 아니었나 봅니다."

"그러니까 책 살 때는 내용이 다 있는지, 최신 정보로 업그레이드되었는지 꼭 확인하게."

"확인하겠습니다."

"궁금한가?"

"궁금합니다."

"말해 줄까?"

"말씀해 주십시오."

"사마천도 어린 시절엔 나비 잡는 것을 좋아했지. 그러던 어느 날이었네. 꿈에 그리던 공작나비, 나는 수백 마리를 잡았으나 사마천은 한 마리도 잡지 못한 그 공작나비가 일곱 송이 수선화에 앉아 있지 않겠는가? 사마천이 살금살금 다가갔지. 앞다리는 반쯤 꿇고, 뒷다리는 질질 끌다시피 한 채 조심조심 접근해서 숨을 딱 멈추었지. 손가락으로 집게를 만들고 쭉 뻗어

잡으려는 순간, 아 공작나비가 그만 날아가 버렸다네. 그때 기분이 과연 어땠겠는가?"

"글쎄요, 아쉬웠겠지요."

"그게 단가?"

"뭐가 더 있나요?"

"대답을 들어 보니 나비의 나 자도 모르는 게 분명하군."

"사마천은 뭐라고 썼나요?"

"사마천은 이렇게 썼다네. '혼자 씩 웃었다. 부끄럽기도 하고 화가 나기도 했다. 이것이 바로 『사기』를 쓴 내 마음이다.'"

"사마천답기는 합니다. 그런데 『사기』라니, 나중에 회상해 보니 그렇다는 이야기지요?"

"무슨, 그날 밤 일기에 썼지."

"말이 안 되잖습니까? 아직 『사기』를 쓰기도 전인데요?"

"무식하긴. 사마천은 그때부터 이미 『사기』를 쓰고 있었던 게지, 하하하."

만주가 선생이 들려준 「태사공자서」의 내용을 곰곰 생각하는 동안 선생이 이렇게 물었다. "자네, 『맥베스』라고 아나?"

선생은 대답 따위는 기다리지도 않고 셰익스피어 전문가 케네스 브래너처럼 울림 좋은 목소리로 외친다.

나는 유리창 안에 홀로 서 있다. 내가 입은 옷과 갓은 천하 사람들이 모르는 것이고, 내 수염과 눈썹은 천하 사람들이 처음 보는 것이고, 반남 박씨는 천하 사람들이 처음 들어 보는 성일 것이다. 그러므로 나는 성인도 되고, 부처도 되고, 현인도 되고, 호걸도 될 수 있다. 은나라 기자나 초나라 접여처럼 미쳐 날뛸 수도 있겠지. 아, 앞으로 나는 누구와 함께 이 지극한 즐거움을 논할 수 있겠는가?

아, 빌어먹을. 더럽게 좋네. 만주는 죽어도 하지 않으려던 것을 하고 말았다. 감탄과 탄식. 인정하기 싫어도 인정할 수밖에 없다. 선생은 맥락에도 닿지 않는 말을 내뱉었다. 『맥베스』는 무슨. 그런데 사기 치며 시작한 연설이 나비처럼, 달처럼……. 그래 받아들이자, 『맥베스』처럼 아름답다. 또 한 번 느끼는 현격한 재능의 차이! 만주가 선생에게 외쳤다.

"그렇다면 마녀도 못 되는 저는 노래나 부르렵니다. 요절한 트로트 가수 정철의 히트작 나비 타령!"

차라리 죽어져서 범나비 되오리라
꽃나무 가지마다 간 데 족족 앉았다가
향 묻힌 나래로 임의 옷에 옮으리라

임이야 나인 줄 모르셔도 내 임 좇으려 하노라(「사미인곡思美人曲」
일부)

"선생님, 폼나게 글을 쓰지도 못하는 제가 부른 노래는 어떻
습니까?"

선생은 보이지 않는다. 사라졌나? 아니다. 나비 떼가 선생의
온몸을 덮고 있다. 잠시 후 나비 떼는 하늘로 날아올랐으나 선
생은 없다. 이것이 바로 우화등선羽化登仙일까? 사라진 건 선생
만이 아니다. 불빛과 수레와 사람으로 가득하던 유리창도 함께
사라져서 어느새 만주는 다시 자신의 작고 외롭고 초라한 방에
있다. 만주는 책장을 뒤져『사기』를 꺼내「태사공자서」를 읽었
다. 나비는 나오지 않았다, 당연히. 함께 실린「친구 임안에게
보내는 편지」(보임안서報任安書)에 새털만 잠깐 보일 뿐이다.

사람은 누구나 한 번 죽지만 어떤 죽음은 태산보다 무겁고 어
떤 죽음은 새털보다 가볍습니다. 이는 죽음을 쓰는 방법이 다
르기 때문이지요.

만주는 태산 같고 새털 같은 문장을 여러 번 읽은 뒤 붓을 들
어『사기』의 여백에 자신이 본 나비를 그린다. 기왕 붓을 든 김

에 그냥 놓기 뭐해서 몇 문장 끄적거린다. 청언소품이라기보다는 낙서에 가까운.

공작나비, 멧노랑나비, 왕세줄나비, 범나비.
나비처럼 날아서 벌처럼 쏘라.
나비를 잡듯 이야기를 채집하는
소-년,
사-관,
괴-중-년.
그리고…… 나. 또는 그래서…… 나.

문을 열고 정원을 본다. 오늘따라 나비는 없다.
모란꽃이 보이고 달이 보였다. 마음이 저절로 평화로워졌다. 밝은 달은 하늘에 있고, 얼음 같은 꽃은 정원에 있고, 사마천이 나비를 놓치고 쓴 책은 책상에 있다. 이런 밤이라면 어쩌면, 다른 날이라면 몰라도 이런 밤이라면, 글을 폼나게 쓸 수도 있을 것 같은 희망적인 기분이 들었다. 만주가 붓을 들었다. 이인상의 단호한 책『능호집菱湖集』에서 보고 머리에 담아 둔 구절을 일기장에 옮겨 적었다. 말하자면, 우화등선한 나비 같은 불멸의 문장을.

세계를 움직여 나가야지,

세계에 의해 움직여져서는 안 된다.(2, 76)

주

1 유홍준·김채식 옮김, 『김광국의 석농화원』, 눌와, 2015.

2 김용옥, 『논어 한글역주』 3, 통나무, 2009, 313쪽.

3 김용옥, 『논어 한글역주』 3, 312, 314쪽.

4 박희병, 『능호관 이인상 서화평석』 1, 돌베개, 2018.

5 제인 오스틴, 김정아 옮김, 『오만과 편견』, 펭귄클래식코리아, 2009, 357쪽.

6 이태준, 『달밤』, 깊은샘, 1995, 13쪽.

7 이태준, 『문장강화』, 창비, 2005, 109, 110쪽.

8 이태준, 『문장강화』, 110쪽.

9 안대회 엮음, 『조선 후기 소품문의 실체』, 태학사, 2003, 43쪽.

10 안순태, 『남공철 산문 연구』, 월인, 2015, 86쪽.

11 안대회, 『조선의 명문장가들』, 휴머니스트, 2016, 353쪽.

12 우연인지 필연인지 박지원도 대은암을 방문하고 글을 남겼다. 비교해 보시라. "얼어붙은 시냇물 위로 물이 똑똑 떨어지다가 다시 얼어붙었다. 겹겹으로 얼어붙은 얼음 밑에서 흐르는 물소리는 옥처럼 맑고 쓸쓸했다. 달빛은 차갑고 눈빛은 거무스름했다. 고요한 풍경에 마음이 가라앉았다. 서로 마주 보며 웃었다. 농담을 주고받다가 시를 지었다. 그러고는 한숨을 쉬었다."(「대은암에서 창수한 시의 서문」, 『연암집』 권3)

13 김용옥, 『논어 한글역주』 3, 313쪽.

14 남공철, 안순태 옮김, 『작은 것의 아름다움』, 태학사, 2006.

15 남공철, 안순태 옮김, 『작은 것의 아름다움』, 61쪽.

16 김하라, 「유만주의 전겸익 수용」, 『한국문화』 65호, 서울대학교 규장각한국학연구원, 2014, 4쪽.

17 안대회 엮음, 『조선 후기 소품문의 실체』, 62쪽.

18 김하라, 「유만주의 『흠영』 연구」, 서울대학교 박사 학위 논문, 2011, 186쪽.

19 김명호, 『연암 문학의 심층 탐구』, 돌베개, 2013, 70~71쪽.

박지원, 신호열·김명호 옮김, 『연암집』 상~하, 돌베개, 2007.

_____, 김혈조 옮김, 『열하일기』 1~3, 돌베개, 2017.

박종채, 박희병 옮김, 『나의 아버지 박지원』, 돌베개, 1998.

유만주, 김하라 편역, 『일기를 쓰다』 1·2, 돌베개, 2015.

강명관, 『공안파와 조선 후기 한문학』, 소명출판, 2007.

김명호, 『연암 문학의 심층 탐구』, 돌베개, 2013.

김용옥, 『화두, 혜능과 셰익스피어』, 통나무, 1998.

_____, 『논어 한글역주』 3, 통나무, 2009.

김하라, 「유만주의 『흠영』 연구」, 서울대학교 박사 학위 논문, 2011.

_____ 외, 『한국문화』 65호, 서울대학교 규장각한국학연구원, 2014.

남공철, 『금릉집』, 국학자료원, 2002.

_____, 안순태 옮김, 『작은 것의 아름다움』, 태학사, 2006.

민족문학사연구소 편, 『한국 고전문학 작품론』 1·2, 휴머니스트, 2017.

박희병, 『조선 후기 전의 소설적 성향 연구』, 성균관대학교 대동문화연구원, 1993.

_____, 『능호관 이인상 서화평석』 1·2, 돌베개, 2018.

박희병·정길수 외 편역, 『연암산문 정독』, 돌베개, 2007.

안대회, 『조선의 명문장가들』, 휴머니스트, 2016.

_____ 엮음, 『조선 후기 소품문의 실체』, 태학사, 2003.

안순태, 『남공철 산문 연구』, 월인, 2015.

이인상, 박희병 옮김, 『능호집』 상·하, 돌베개, 2016.

이태준, 『달밤』, 깊은샘, 1995.

_____, 임형택 해제, 『문장강화』, 창비, 2005.

유홍준·김채식 옮김, 『김광국의 석농화원』, 눌와, 2015.

정민, 『고전문장론과 연암 박지원』, 태학사, 2010.

_____, 『나는 나다』, 문학과지성사, 2018.

조희룡, 실시학사고전문학연구회 옮김, 『조희룡 전집 6: 호산외기』, 한길아트, 1999.

허균, 정길수 편역, 『나는 나의 법을 따르겠다』, 돌베개, 2012.

W. G. 제발트, 이재영 옮김, 『이민자들』, 창비, 2019.
제인 오스틴, 김정아 옮김, 『오만과 편견』, 펭귄클래식코리아, 2009.
페르난두 페소아, 오진영 옮김, 『불안의 책』, 문학동네, 2015.

〈1784 유만주의 한양〉, 서울역사박물관 기획 전시, 2016.

폼나게 글 쓰고 싶은 우리에게

김하라(전주대 한문교육과 조교수)

나는 일기 읽는 일을 업으로 삼고 있는 사람이다. 사춘기와 20대 초반까지는 일기 쓰는 일도 소중히 여기며 날마다 몇 글자 적는 것을 낙으로 삼았으나, 우리 어머니보다 200살 많은 한 남자의 이상한 일기를 읽으면서부터 내 일기는 언제나 뒷전이었다. 그 남자 유만주(1755~1788)는 만 스무 살이 되던 1775년 설날부터 쓰기 시작한 일기를, 33세 생일을 며칠 앞두고 세상을 뜨기 한 달 전인 1787년 섣달까지 꾸준히 이어 나갔다. 그가 자신에게 스스로 지어 붙인 이름으로 '꽃송이처럼 빼어난 이들을 흠모'한다는 뜻의 '흠영欽英'이 제목인 그 일기장 24책이 지금 서울대 규장각에 보관되어 있다.

유만주는 서울 남대문 근처에 살던 양반 남성으로 내향적인 성격에 책을 몹시 사랑했다. 그렇지만 18세기 조선에 남아돌던 거자擧子, 즉 수험생에 지나지 않던 그에게는 글공부를 하고 철마다 과거에 응시하는 것 말고는 공식적으로 기대되는 활동이 없었다. 안타깝게도 그는 그 활동에서 그리 성공적이지 못해 『조선왕조실록』은커녕 과거 합격자의 명단에도 이름을 올려 보지 못한 채 언제나 유예된 상태에 머무른 짧은 생애를 눈에 띄지 않게 마쳤다.

나는 1999년 P선생님의 가르침으로 유만주의 『흠영』을 처음 본 이래 일기를 쓰는 것보다 읽는 것에 더 비중을 두고 살게 되었다. 『흠영』을 주제로 학위논문을 쓰기로 했기 때문이다. 그런데 빽빽한 한문 필사본을 읽는 것부터가 쉽지 않았고, 종종 등장하는 잠꼬대 같은 혼잣말은 더욱 이해하기 어려웠다. 몇 년 동안 박사 논문은커녕 목차 한 줄 쓰는 일도 못 했다. 인생에서 뚜렷하게 이룬 것 없이 요절한 사람을 두고 무엇을 쓸 수 있을까? 어영부영 서른을 넘기며 '늦어도 유만주가 죽던 나이까지는 논문을 써야 할 텐데.' 같은 하릴없는 생각을 하기도 했지만 막막하기는 스무 살 때나 마찬가지였다. 이에 내 일기장은 논문 계획서와 마찬가지로 오래 텅 비게 되었는데, 그런 내게도 일기를 쓴 하루가 있다. 드디어 서른셋을 맞았으나 논문은 별 가망이 없어 보이던 어떤 날이다.

2월 13일. 맑고 추움.

그저께 남대문이 불타서 무너졌다. 남대문을 보며 살아온 많은 사람들의 삶과 추억의 일부분을 빼앗아 버린 폭거. 슬픔과 분노가 컸다. 200여 년 전 남대문 근방에 살던 그와 나를 이어 주던 오래고 아름다운 끈이 파괴되었다. 그가 보던 것을 나도 보고 있다는 것이 참으로 큰 힘과 위안이 되었는데, 이제 그것을 빼앗겼다. 왜 이 나라에선 어떤 소중한 것이 시간을 두고 그 자리에 있어 주길 바라는 것이 불가능한 소망이 되어 버렸을까? 왜 이 세상엔 나이를 먹고도 자기에게 갇혀 스스로가 저지른 짓의 의미를 알지 못한 채 끔찍한 일을 저지르는 노인이 있을까?

2008년 2월 10일, 남대문에 화재가 났다. 활활 불타는 남대문에서 '숭례문'이라는 세로쓰기 현판만 가엾게 툭 떨어지는 광경을 보며 아득한 상실감을 느낀 이가 나만은 아닐 테지만, 오래 덮어 둔 일기를 펼쳐 몇 줄의 글을 쓰도록 한 간절함은 슬픔이 아니라 사랑을 깨달은 데서 왔다. 일주일에 한 번 종로구에 계신 L선생님께 글을 배우러 가는 길, 501번 버스를 타면 언제나 남대문을 지나갔다. 폼 안 나게시리 나귀도 없이 도보로 서울 도성 언저리를 부유하는 자신을 의식해 가끔 우울한 표정도 지었을, 중키의 평범한 조선 청년을 그렇게 몇 번쯤 떠올렸을 것이다. 그는 평생 이 문을 몇 번이나 지났을까?

서울 사람도 아닌 내가 남대문을 사랑하여 슬퍼하게 된 것이 오로지 유만주 때문임을 남대문을 잃고서야 알았다. 사실 나는 읽기 어려운 이 일기를 쓴 청년을 오래 사랑하고 있었다. 유만주의 꿈은 과거 합격이 아니었다. 그는 동아시아의 전체사全體史가 되는 멋진 역사서를 훌륭한 문장으로 쓰고 싶었고, 그런 역사가가 되기 위한 직업적 기반으로서 국가에 소속된 사관史官이 되길 원했다. 그의 꿈을 알게 되며 덩달아 내 꿈도 선명해졌다. 박사 논문이나 교수 자리는 내 꿈인 적이 없다. 나는 읽기와 쓰기와 배움의 과정을 통과하여 좋은 글을 쓰는 사람이 되고 싶었다. 남대문의 폐허에서 본 것은, 이루지 못한 그의 꿈과 내 꿈이 닮았다는 쓸쓸한 자각이었으며 그가 쓴 서울 풍경을 더듬더듬 읽는 데 힘입어 서울살이에 뒤늦게 적응하던 내 모습이었다. 나를 알게 해 준 그를 정든 친구처럼 그리워했다.

박사 논문은 2011년에야 간신히 낼 수 있었다. 『흠영』을 읽고 무언가 쓰는 데 유만주가 일기를 쓴 시간만큼이 꼬박 소요된 셈이다. 어찌 보면 '아무것도 아닌 사람'이자 '특성 없는 남자'로 간주될 법한 유만주에게, '흠영'이라는 일기는 모든 것이었고 세상에 하나밖에 없는 특별한 책이었다. 사마천을 뛰어넘는 역사가라는 포부를 간직한 청년으로서 그는 남들에게 기억되는 사람이 되기보다는 스스로가 기억하고 기록하는 사람이 되고자 했다. 나는 그의 일기가 18세기 조선의 일상적 풍경과 사건, 사고를 기록한 세밀화이자 한 평범한 지식인 청년의 특별히 풍요로운 내면세계를 담은 몽환적 풍경화라고 생각한다.

이런 얘기를 졸업식 날 어머니에게 했더니, "그래. 그건 그렇고, 이 사람 아버지가 정말 훌륭한 사람이다." 하셨다. 정말 맞는 말씀이다. 유한준은 부당하게도 박지원의 지질한 라이벌 정도로만 알려졌지만, 평생 백수였던 아들을 포기하지 않고 견디며, 일기를 쓰도록 물심양면으로 지지해 준 좋은 아버지였다.

이옥과 김려金鑢의 이야기 『멋지기 때문에 놀러 왔지』로 유명한 설흔 선생을 처음 만난 것은 2013년의 일이다. 그때 이분이 나에게 어린이책을 써 보라고 권유하고, 내 박사 논문을 하나 달라고 했다. 뒤의 요청이 더 반가웠던 것이, 그 논문은 종종 잠꼬대 같은 혼잣말 또는 남만격설南蠻鴃舌(남방 오랑캐 말은 때까치 소리와 같다는 뜻으로, 알아들을 수 없는 외국어를 비하하는 말이다. 그래도 '개소리'는 아니어서 다행이다.)로 취급되어 재고가 넉넉하던 터였기 때문이다. 그해 연말 강남역 근처에서 설흔 선생을 처음 만난 날 어쩐지 친구를 얻은 것 같은 기분이 들었다.

　설흔 선생과는 종종 이메일로 연락을 나누었다. 어린이책 집필 상황을 점검하는 내용이긴 했지만, 그 짧은 안부 인사가 이상하게 힘이 되었다. 2015년 여름 유만주의 일기로 『일기를 쓰다』라는 책을 냈을 때 (어린이책은 전혀 진척되지 않았음에도) 누구보다 먼저 축하해 주신 기억이 있다. 얼마 있지 않아, 세상에 유만주를 사랑하는 사람이 나 혼자만은 아니라는 걸 알게 되었다. 설흔 선생이 2016년 9월에 보낸 이메일에서 "어제, 사람들 모아 놓고 강연을 했습니다. 『흠영』을 주제로 이야기를 했지요. 다 끝나고는 책을 흔들며 꼭 사라고 했습니다. 제가 무슨 출판사 영업 사원도 아닌데 말이지요." 하고 팬심을 처음 드러냈다. 무슨 고백이라도 들은 듯 얼굴이 붉어졌다. 한번은 이런 이메일을 받았는데, 이때만큼 『흠영』을 번역하길 잘했다는 생각이 든 적도 없다.

　저는 『일기를 쓰다』 2권 마지막 글, 임노가 아버지의 유해와 함께 보던 북쪽 지방의 달에 관한 글을 잊을 수가 없습니다. 제 아버지의 고향도 단천이거든요. 단천에 당연히 가 본 적이 없지만, 이 글을 읽을 때마다 단천에 뜬 달을 생각하게 됩니다.

초승달이 뜬 밤에 유만주와 임노가 옛날과 지금의 고통을 이야기하며 위로를 나누는 이 장면을 나도 무척 소중히 여긴다. 그런데 두 친구의 오랜 우정이 은근히 깃든 이 장면의 행간이 설흔 선생 부친의 고향을 향하고 있다니. 유만주가 정성 들여 쓴 사소한 자기 이야기가 우리 저마다의 이야기로 살아나고 확장될 수 있다는 가능성이 기뻤다.

내가 유만주를 사랑하는 것은 어떤 의미에서 자기애에 가깝다. 나는 여전히 그와의 거리를 확보하지 못한 채 『흠영』을 읽으며 자주 유만주의 눈으로 세상을 본다. 부끄럽게도 내 일기는 거의 쓰지 못하고 있다. 그로부터 벗어나려는 중이지만, 그를 통해 선명해진 내 꿈(좋은 글을 쓰는 것)에는 아직 다가가지 못했다. 그 반면 설흔 선생은 유만주를 이해하고 근심하고 다독이는 형님 같은 분이다. 『폼나게 글 쓰는 법』에서 그런 마음을 다시 한 번 읽을 수 있다. 선생은 이 폼나는 소설을 쓰는 과정에서 이렇게 말했다.

글을 쓰다 보니 만주가 참 좋아지고 한편으로는 안타깝습니다. 어쩌면 박지원 같은 재능을 타고나지 못한 우리 모두와 비슷하다는 생각이 듭니다.

유만주는 인생에서 이루지 못한 것이나 한 번쯤 해 보고 싶던 것을 꿈에서 이룰 수 있다고 했다. 이런 그에게 소설이란 살아 보지 못한 꿈의 세계일 터다. 이번에 소설의 주인공으로 데뷔한 유만주와 폼나는 글을 쓰고 싶고 내일부터 일기를 쓰고 싶은 우리 모두에게 소심한 파이팅을 보낸다. (박지원이 아니라 유한준이 보낸다는 데 유의할 것.)

역사에서 걸어 나온 사람들 4

폼나게 글 쓰는 법 ─ 소년 만주, 박지원에게 글쓰기를 묻다

초판 1쇄 발행 2021년 6월 9일

지은이 │ 설흔
교정 │ 김정민
디자인 │ 여상우

펴낸이 │ 박숙희
펴낸곳 │ 메멘토
신고 │ 2012년 2월 8일 제25100-2012-32호
주소 │ 서울시 은평구 연서로26길 9-3 동양오피스텔 301호(대조동)
전화 │ 070-8256-1543 팩스 │ 0505-330-1543
이메일 │ mementopub@gmail.com

ⓒ설흔

ISBN 978-89-98614-74-4 (세트)
ISBN 978-89-98614-89-8 (04910)

파본은 구입하신 서점에서 바꾸어 드립니다.
책값은 뒤표지에 있습니다.